조용기 목사의
소망과 위로

영산 조용기 목사의
"사랑하는 자여"

조용기 목사의
소망과 위로

(사)영산글로벌미션포럼 엮음

교회성장연구소

CONTENTS

◆◆◆◆◆

- 10   우리 안에서 행하시는 하나님
- 32   하나님의 계획
- 58   여호와야훼를 앙망하는 자는 새 힘을 얻으리니
- 88   보혈의 언약
- 114   스트레스를 즐기며 살자
- 144   마음이 불안하고 초조할 때
- 172   소망의 하나님
- 200   별을 헤아리는 사람
- 228   하나님의 언약과 무지개
- 256   예수를 바라보자

"
사랑하는 자여
네 영혼이 잘됨 같이
네가 범사에 잘되고
강건하기를
내가 간구하노라
"

너희 안에서 행하시는 이는 하나님이시니
자기의 기쁘신 뜻을 위하여 너희에게 소원을 두고 행하게 하시나니
모든 일을 원망과 시비가 없이 하라

빌립보서 2:13-14

우리 안에서 행하시는 하나님

1989년 12월 4일

우리 안에서 행하시는 하나님
<1989년 12월 4일>

　오늘 저는 여러분과 함께 '우리 안에서 행하시는 하나님'이라는 제목으로 함께 은혜를 나누겠습니다. 아담의 후손들은 오랜 세월 동안 하나님께 쫓겨나 하나님 밖에서 사는 것이 그 몸에 습관이 되어 버렸습니다. 그래서 무슨 일을 하든지 하나님 없이 자기 마음대로 목표와 계획을 세웁니다. 그러다 성공하면 스스로 일을 잘했다고 칭찬하고, 실패하더라도 자신이 그 책임을 짊어지게 됩니다. 그러나 우리가 회개하고 예수를 구주로 믿고 난 다음에는 우리의 생활에 현저한 변화가 다가옵니다. 그것은 하나님 밖에서 살던 우리가 이제는 하나님 안으로 들어와 하나님과 한 가족이 되어 사는 것입니다. 저 광대한 우주를 지으신 하나님과 함께 한 가족으로 산다는 것이 우리의 인식 속으로 쉽게 들어오지 않습니다. 이와 같은 생활에 우리가 적응하기 위해서는 상당한 시간이 걸리고 노력이 필요하지만, 일단 이러한 생활에 적응하고 나면 우리의 삶은 그렇게 평안하고 기쁘고 놀랍고 은혜롭고 영광스러울 수가 없는 것입니다. 오늘 이 시간에 주신 하나님의 말씀을 통해 우리가 이미 하나님과 한 가족이 되어 함께 살고 있다는 사실을 사도 바울 선생은 뚜렷하게 가르쳐주고 있습니다.

우리 안에서 행하시는 하나님

성경은 "너희 안에서 행하시는 이는 하나님이시니"빌 2:13라고 말씀하고 있습니다. 우리는 언제나 '하나님은 저 멀리 계시고 저 태양과 저 달과 저 별들은 저 우주 위에 있으며, 우리는 이 땅에 살고 있다'라고 생각합니다. 그러나 성경은 "하나님께서 머나먼 구만리 장천에 계시지 않고 바로 우리 안에 들어와서 계신다"라고 말씀하고 있습니다.

그렇다면 여러분, 우리는 이제 하나님과 한 가족으로 함께 삶을 살고 있다는 사실을 깨달아야 합니다. 처음 하나님께서 아담과 하와를 지으시고 에덴에 두셨을 때는 하나님께서 아담과 하와와 함께 사셨습니다. 하나님의 소원은 하나님께서 만들어 놓으신 주의 백성과 한 가족으로 사는 것이었습니다.

여러분, 모든 부모가 자식들과 함께 한 가정에서 살기를 원하는 것처럼 하나님께서도 우리와 함께 살기를, 우리와 함께 대화하면서 즐겁게 살기를 원하십니다. 그러나 아담과 하와가 하나님으로부터 범죄하고 반역하며 마귀와 짝을 이뤄서 하나님을 등지고 떠난 뒤부터 하나님은 말할 수 없이 슬퍼하셨습니다. 그래서 결국 우리를 다시 가족으로 불러들이기 위해 그 맏아들 예수 그리스도를 육신으로 보내신 것입니다. 예수님께서 이 세상에 오셔서 십자가에서 몸이 찢기고 피 흘려 죄악을 사하심으로 우리 인생의 모든 반역죄를 대신해서 다 짊어지셨습니다. 하나님께서는 예수를 믿고 회개하며 나오는 모든 사람을 다시 가정으로 불러들이기를 원하시기 때문인 것입니다.

여러분, 불신앙의 시대에 인생은 홀로 살았습니다. 아무리 부모가 있고 형제가 있고 친구가 있다고 할지라도 결국 인간은 외톨이요, 홀로 사는 인생입니다. 이 세상에서 고난 당할 때, 그 마음의 고통을 아무리 가까운 부모 형제 처자라도 어찌 나누겠습니까? 죽음의 순간에는 자기 혼자 어둡고 캄캄한 죽음의 길을 걸어가야만 하는 것입니다. 그러므로 하나님 없는 인생은 이 세상에서 그 누가 뭐라고 말해도 그 영혼 속의 고독을 이겨낼 수가 없습니다. 영혼에 고통을 주는 고독이 언제나 그 마음속에 있었습니다.

그러나 우리가 예수 그리스도를 구주로 모시게 되면 우리의 삶 속에 굉장한 변화가 일어납니다. 왜냐하면 예수님은 언제나 하나님 아버지 안에 계시며, 하나님 아버지를 떠난 적이 없기 때문입니다. 그래서 예수님께서는 늘 "나와 아버지는 하나이니라"요 10:30고 말씀하신 것입니다. 그러므로 우리가 예수님을 믿자마자 예수님이 우리 안에 들어오시고 우리는 예수님 안으로 들어가게 되는 것입니다. 이미 하나님 안에 계신 예수님께 우리가 들어간다는 것은 예수님과 함께 하나님 안에 들어가게 된다는 것입니다. 예수님을 믿자마자 우리는 시간을 초월하고 공간을 초월해서 예수님이 우리 안에, 우리가 예수님 안에, 예수님과 우리는 아버지 안에 함께 거하는 것입니다.

"그 날에는 내가 아버지 안에, 너희가 내 안에, 내가 너희 안에 있는 것을 너희가 알리라"_요한복음 14:20

하나님은 오늘 이 자리에 여러분과 함께 앉아 계시며, 지금 우리 눈에는 보이지 않지만 우리는 아버지 안에 들어가 있는 것입니다. 아버지가 우리 안에 와서 계십니다. 우리는 아버지 안에 예수 그리스도와 함께 있고 성령이 우리와 같이 계십니다. 그러므로 우리는 성부, 성자, 성령과 함께 그 안에서 사는 것입니다. 우리는 아버지를 떠나 숨을 곳도 없고 아버지를 떠나 외로운 자리에 있지도 않습니다. 이제 우리는 혼자 있지 않습니다. 우리 속에는 성령이 와서 계시고 그다음에 예수님이 계시고 그다음에 아버지가 계십니다. 아버지가 계시면 그 안에 예수님이 계시고 그 안에 성령님이 계십니다. 그러므로 우리가 예수님 안에 들어가면 성령이 우리 안에 들어오시게 되고 우리도 아버지 안에 들어가 있게 되는 것입니다. 성부, 성자, 성신, 삼위일체 안에 우리가 들어가서 사는 것입니다.

그런데 여러분, 우리 하나님 아버지는 이 만유 안에 계시고 이 만유를 초월하고 계십니다. 우리는 영적으로 아버지와 함께 삶으로 말미암아 만유 안에서 아버지와 함께 있고, 또 우리는 하나님 안에서 이 만유를 초월해서 온 우주도 초월할 수 있는 것입니다.

우리는 교회에 와도 하나님 안에 있고 집에 가도 하나님 안에 있고, 직장에 가도 하나님 안에 있고 세상에 나가도 하나님 안에 있고, 살아도 하나님 안에 있고 죽는 날에도 하나님 안에 있는 것입니다. 믿는 자만이 하나님 안에 있고 믿지 않는 자는 하나님 밖에 있는 것입니다. 예수 그리스도만이 하나님 안에 있기 때문에 예수가 우리 안에 있고 우리가 예수 안에 있으면 우리는 예수와 함께 하나님 안에 있지만, 예수를 믿지 않는 자는 하나님 밖에 있는 것입니다. 예수 밖에 있는 사람들을 보십시오. 그들은 태어날 때도 하나님 밖에서 태어나고 세상에 살 때도 하나님 밖에서 살고, 직장에 있을 때도 하나님 밖에 있고 세상에 있을 때도 하나님 밖에 있고, 죽을 때도 하나님 밖에서 죽고 영원한 곳에서도 하나님 밖으로 쫓겨나 불과 유황으로 타는 못에서 고생하게 되는 것입니다. 이렇듯 하나님 안에서 산다는 것과 하나님 밖에서 산다는 것은 현격한 차이가 있는 것입니다.

그러므로 우리는 매일같이 하나님 안에서 찬양하고 하나님께 감사의 기도를 드리고 하나님을 믿고 하나님을 의지하고 하나님과 함께 사는 것입니다. 우리는 하나님을 떠나서 살 수 없습니다. 성경은 "너희 안에서 행하시는 이는 하나님이시니"빌 2:13라고 말씀합니다. 우리 안에 들어와 계신 하나님은 가만히 계시는 하나님이 아닙니다. 하나님은 굉장히 부지런하신 하나님입니다. 우리 안에 계신 하나님은 창조 사역을 하신 하나님입니다. 하나님께서는 친히 빛도 지으시고 하늘도 지으시고 뭍도 지으시고 모든 오곡백과도 지으시고 해와 달과 별도 지으시고 새들도 물고기도 짐승도 인생도 다 지으신 창조주 하나님이신 것입니다.

우리 안에 계신 하나님은 보통 하나님이 아니라 창조주 하나님이시며 또, 우리를 구원하시기 위해서 그 아들을 보내사 십자가에 못 박아 우리 죄도 청산하시고 우리와 원수가 된 담도 친히 헐어 내시고 귀신도 쫓아내시고 병도 고치시는 하나님입니다. 저주도 다 제하여 주시고 사망과 올무도 철폐하는 일하시는 하나님이신 것입니다. 우리 하나님은 일하시는 하나님으로서 여러분과 내 안에 와 계시며 만물을 붙잡고 계시는 것입니다.

"일을 행하시는 여호와야훼, 그것을 만들며 성취하시는 여호와야훼, 그의 이름을 여호와야훼라 하는 이가 이와 같이 이르시도다 너는 내게 부르짖으라 내가 네게 응답하겠고 네가 알지 못하는 크고 은밀한 일을 네게 보이리라"_예레미야 33:2-3

여러분은 고아가 아닙니다. 여러분은 버림받은 자가 아닙니다. 외롭지가 않습니다. 바로 이 시간 이 자리에 우리 안에서 하나님께서 행하고 계신 것입니다. 이것을 여러분 믿으십시오. 담대하게 하나님을 의지하십시오. 마음속에 '나는 외롭다'라는 생각을 버리십시오. 불안과 공포를 내어 쫓으십시오. '나는 무능력하다'라는 생각을 던져버리십시오.

여러분 안에 하나님께서 들어와 계신 것입니다. 그러므로 하나님으로 말미암아 여러분은 용서받은 사람이요, 여러분은 사랑받는 사람이요, 여러분은 질병을 이긴 사람이요, 귀신을 이긴 사람이요, 저주를 물리친 사람이요, 사망을 철폐한 사람이요, 유능한 사람이요, 능력이 있는 사람인 것입니다. 그렇기 때문에 사도 바울 선생은 "내게 능력 주시는 자 안에서 내가 모든 것을 할 수 있느니라"빌 4:13고 말씀하신 것입니다. 예수 믿는 사람은 특별한 사람들인 것입니다. 왕 같은 제사장이요, 그 나라의 백성이요, 하나님의 택한 사람들인 것입니다벧전 2:9.

우리에 대해 기쁘신 뜻을 갖고 계신 하나님

하나님은 우리에 대하여 당신의 기쁘신 뜻을 가지고 계십니다. 여러분, 어느 부모든지 자식을 낳아 기를 때 자식이 '이렇게 되기를 원한다'라는 부모의 기쁜 뜻을 다 가지고 있을 것입니다. 이번 대학시험을 앞두고 모든 부모가 자신의 기쁜 뜻대로 자식이 이루어 나가길 바라는 마음으로 애쓰며 기도하는 것을 신문으로 보았습니다. 그렇습니다. 어느 부모든지 자기 자식이 '이렇게 자라주면 얼마나 좋을까?' 하는 기쁜 뜻을 품고 있습니다. 여러분, 하나님 아버지께서는 전지전능하신 하나님이시지만 여러분과 저 한 사람 한 사람에 대해서 하나님의 기쁘신 소원을 가지고 계십니다.

하나님은 이미 창세 전에, 해를 지으시고 달을 지으시고 별을 지으시기도 전에, 이 세상의 시간도 생겨나기 전에, 그 영원 전에 이미 여러분을 아시고 여러분을 택하셨습니다. 그러므로 여러분께서 오늘 예수를 믿게 된 것은 결코 하루 이틀 만에 된 것이 아닙니다. 여러분은 이미 해가 생기기 전에 하나님의 택함을 받았습니다. 하나님께서는 달도 생기기 전에, 별도 생기기 전에, 영원한 시간 전에 이미 예수 그리스도 안에서 여러분을 아시고 여러분을 택해 놓으신 것입니다. 하나님께서 여러분과 저를 통하여 아버지 하나님의 기쁘신 뜻을 이루기 위해서 우리를 이 땅에 세워 놓으신 것입니다. 그러므로 우리는 육신의 정욕이나 안목의 정욕이나 이 세상 자랑을 따라 살아서는 안 됩니다. 하나님께서 우리를 향해 기쁘신 뜻을 가지고 계시므로 그것을 받아 이루어야 합니다. 그래서 우리 주님이 계속 가르친 기도에도 "뜻이 하늘에서 이루어진 것 같이 땅에서도 이루어지이다" 마 6:10라고 말씀하는 것입니다.

그러면 우리가 이 땅에 살면서 어떻게 하나님의 기쁘신 뜻을 이룰 수 있겠습니까? 물론 하나님께서 우리가 이 땅에 태어날 때부터 다 각자 소질을 주셨습니다. 여러분, 산에 있는 들풀을 보십시오. 풀마다 종류가 다르고 꽃마다 종류가 달라 다 그 뜻대로 아버지를 기쁘게 합니다. 하나님은 모든 사람이 태어날 때부터 다 각각 소질을 주셨습니다. 그 소질을 통해서 아버지 하나님의 영광을 이 땅에 나타내기를 원하시는 것이니 우리는 스스로 자기의 소질을 저버리면 안 되는 것입니다. 하나님이 분명하게 우리 각자에게 주신 소질임에도 불구하고 이 세상에 탐욕 때문에 그 소질을 버리고 하나님이 주신 그대로 인생을 살지 못하는 사람은 불쌍하고 어리석은 사람입니다. 하나님은 매일 매일 우리 각자에게 아버지의 기쁘신 뜻을 보여 주시고 그것을 행하기 원하십니다.

당신의 기쁘신 뜻을 위해
우리로 마음에 소원을 두고 행하게 하시는 하나님

오늘 이 성경이 가르치시는 말씀은 아버지께서 아버지의 기쁘신 뜻을 위해서 우리로 마음에 소원을 두고 행하게 하신다는 것입니다. 여러분, 아버지 하나님의 기쁘신 뜻을 우리가 어떻게 알까요?

"기록된 바 하나님이 자기를 사랑하는 자들을 위하여 예비하신 모든 것은 눈으로 보지 못하고 귀로 듣지 못하고 사람의 마음으로 생각하지도 못하였다 함과 같으니라 오직 하나님이 성령으로 이것을 우리에게 보이셨으니 성령은 모든 것 곧 하나님의 깊은 것까지도 통달하시느니라"_고린도전서 2:9-10

　하나님은 예비하지 않고 "무조건 하라"고 말하며 갑자기 엉겁결에 일하는 분이 아니십니다. 우리가 어머니 배 속에서 그 형태가 생겨나기 전에 여러분 한 사람 한 사람이 일생에 살아갈 길을 하나님은 이미 다 예비해 놓으셨습니다. 우리가 하나님을 등지고 잘못된 길을 걸어갔기 때문에 하나님께서 예비하신 길을 살아가지 못한 것입니다. 우리가 하나님 중심으로 살고 하나님 뜻대로 살길 결심한다면 하나님께서 우리에게 예비해 놓으신 우리 인생에 있어서 진선미의 가장 좋은 길로 이끌어 가실 것입니다.

　그러면 어떻게 해서 우리 아버지의 뜻을 알 수 있을까요? 하나님이 기쁘신 뜻을 가지고 계시면 그것을 반드시 우리에게 알려주실 것입니다. 하나님께서 우리에 대한 아버지의 기쁘신 뜻을 혼자만 가지고 계시고 우리에게 알려주시지 않는다면 무슨 소용이 있겠습니까?
　하나님은 당신의 기쁘신 뜻을 알리는 방법으로써 먼저 성경의 말씀을 우리에게 주신 것입니다. 그래서 말씀을 공부함으로 말미암아 말씀 속에 감춰진 아버지의 기쁘신 뜻을 우리가 다 알기를 원하시는 것입니다. 창세기부터 요한계시록까지 성경을 부지런히 읽으라고 하시는 것은 우리 인생에 대한 아버지의 기쁘신 뜻을 성경에 다 기록해 놓았기 때문입니다.

물론 하나님의 기쁘신 뜻은 한 사람도 멸망하지 않고 다 영생을 얻는 것이죠. 거기에 더 나아가서 하나님의 뜻은 우리가 다 죄 사함을 받고 성령충만하고 마귀와 병을 이기고 저주에서 놓임을 받고 부활 승천하기를 원하시는 것입니다. 그래서 우리의 영혼이 잘됨 같이 범사에 잘 되며 강건하여요삼 1:2, 항상 모든 일에 모든 것이 넉넉하여 모든 착한 일을 넘치게 하는 것이고후 9:8 하나님의 기쁘신 뜻인 것입니다. 우리 예수 믿는 사람들이 하나님께 복을 받아 가난하고 헐벗고 굶주리고 소외된 사람들을 열심히 도와주고 그들과 사랑을 나누는 것이 하나님을 기쁘시게 하는 일이 아니겠습니까?

또, 우리가 하나님 앞에 기도할 때 하나님은 우리에게 초인적으로, 직감적으로 하나님의 기쁘신 뜻을 보여 주십니다. 우리가 기도할 때마다 하나님께서 우리의 마음속에 "너는 이 일을 해라. 너는 이 일을 해야만 한다"라고 계속해서 말씀해 주시지만, 기도하지 않을 때는 하나님께서 말씀하시지 않습니다.

저는 하나님께 기도함으로 말미암아 여태까지 늘 하나님의 기쁘신 뜻을 받은 것이 기억납니다. 이렇게 하나님은 우리에게 끊임없이 기쁘신 뜻을 말씀하고 계시지만, 우리가 둔해서 하나님 말씀을 듣지 못할 때가 너무나 많습니다. 그러므로 우리는 늘 귀를 열어서 하나님 음성을 들을 수 있도록 해야 합니다. 우리가 기도할 때 하나님께서는 꿈이나 환상을 통해서 말씀하시고 성령으로 우리를 깨닫게 해 주십니다.

하나님께서 예수 그리스도의 양아버지 요셉에게 꿈으로 나타나셔서 마리아 데려오기를 두려워하지 말라고 말씀하셨고, 예수를 낳고 곧 예수와 그 어머니를 데리고 애굽으로 도망치라는 것도 말씀하셨습니다. 그리고 베드로가 피장 시몬의 집에 거할 때 하나님은 환상 가운데 내려오셔서 고넬료 가정에 가서 복음을 전하라고 말씀하셨습니다. 이렇듯 오늘날에도 하나님께서는 우리의 꿈을 통해서, 환상을 통해서 말씀해 주시는 것입니다.

또한, 하나님은 환경을 통해서도 우리에게 말씀하십니다. 그러나 그 무엇보다도 하나님께서 우리를 가장 적극적으로 인도하시는 방법은 바로 마음의 소원을 통해서 인도하시는 것입니다.
여러분이 기도할 때 마음속에 사라지지 않는 소원이 혈류와 같이 올라가는 것이 생깁니다. 소원이 불길 같이 일어납니다. 마귀가 주는 소원은 기도하면 사라집니다. 인간적인 소원도 일어나다가 기도하면 사라집니다. 그러나 오직 하나님이 주시는 소원은 시간이 가고 날이 가면 갈수록 점점 마음에 불타오르기 시작하는 것입니다. 그리고 소원이 일어나면 그 소원을 이루도록 꿈이 생깁니다. 마음속에 꿈과 환상이 꽉 들어차게 되는 것입니다. 그리고 마음속에 확신이 생기는 것입니다. 소원이 들어오면 꿈이 생기고 꿈이 생기면 마음의 신념이 생겨서 눈에는 아무 증거 안 보이고 귀에는 아무 소리 안 들리고 손에는 잡히는 것이 없어도 마음속에 소원과 꿈과 확신이 삼박자가 되어 마음을 부여잡고서 "이 길을 가라. 이것을 하라. 누가 뭐라고 말해도 이 길을 가라." 그렇게 말합니다.

꿈을 시행하게 해 주시는 하나님

하나님은 우리에게 "당신의 기쁘신 뜻을 위하여 소원을 두고 행하게 하겠다"라고 말씀하셨습니다 빌 2:13. 우리의 마음 가운데 꿈이 생기고 그것이 환상으로 변하고 그다음에 믿음이 생기면 하나님은 그것을 시행하게 해 주시는 것입니다. 주님은 행하게 하시는 하나님인 것입니다. 우리에게 소원만 주고 꿈만 주고 그다음에 믿음만 주시고 "너 혼자 하라." 그렇게 말씀하시면 우리가 어떻게 행하겠습니까? 그러나 우리 하나님은 기적의 하나님이시기에 일단 우리에게 소원을 주시면 그것을 이룰 수 있는 힘도 주십니다. 하나님의 뜻을 받아들이면 하나님의 꿈을 우리가 마음속에 꾸게 됩니다.

하나님의 꿈은 하나님의 능력에 의하여 성취되는 것입니다. 그러므로 절대 서두르지 말고 하나님의 지시를 받아 기다리고 있으면 하나님께서 책임져 주십니다. 믿고 두려워하지 말고 강하고 담대하게 없는 것을 있는 것 같이 생각하고 보고 말하고 행동하고 있으면 그다음은 하나님께서 신기한 길을 열어 주시는 것입니다. 만나지 못할 사람을 만나고 열리지 않을 것 같았던 문이 열리고 안될 것 같았던 일이 되고 은행 문이 열리며 하나님께서 행하시고 행하게 하시는 것입니다.

"너희 안에서 행하시는 이는 하나님이시니 자기의 기쁘신 뜻을 위하여 너희에게 소원을 두고 행하게 하시나니"_빌립보서 2:13

그렇습니다. 하나님은 행하게 해 주시는 분입니다. 아무리 소원이 있어도 내가 행할 힘이 없는데 어떻게 하겠습니까? 하나님이 행하게 해 주시는 것입니다. 그래서 하나님의 능력으로 말미암아 인간이 상상할 수 없는 위대한 일이 이루어지게 되는 것입니다. 예수님을 믿는 우리는 실상 하나님의 가족입니다. 이제는 하나님을 떠나서 살 수 없습니다. 예수님은 하나님 안에 계시고 우리는 예수님 안에 예수님은 우리 안에 계시기 때문에 우리는 하나님과 한 가족인 것입니다. 이제 우리에게 개인적인 삶이란 아무런 의미가 없습니다. 이제 우리는 더는 개인적으로 살고 있지 않습니다. 우리는 하나님의 가족으로서 하나님의 집단으로서 사는 데 의미가 있지, 개인적인 삶은 아무 의미가 없습니다. 우리는 사나 죽으나 하나님과 함께 살고 이 세상을 떠날 때도 하나님과 함께 떠나가게 되는 것입니다.

그러므로 오직 하나님께만 영광을 돌리고 살아야 하는 것입니다. 먹어도 하나님과 먹고 잘 때도 하나님과 함께 자고 살아도 하나님과 살아야 합니다. 사업을 해도 하나님과 함께 사업을 하고 영광을 받아도 하나님과 함께 영광을 받아야 합니다. 우리는 이제 모든 것을 하나님과 함께 하는 하나님과 한 가족이 되었다는 사실을 꿈에도 잊지 말기를 주의 이름으로 축원합니다.

기도

　사랑과 은혜가 무한하신 하나님, 이 시간 하나님의 기쁘신 뜻을 위하여 우리를 불러 주시고 은혜를 베풀어 주시니 감사를 드립니다. 우리가 이 땅을 사는 동안 수많은 환난과 풍파가 다가오는데, 예수님을 믿는 하나님의 자녀들은 지금도 우리 안에서 일하시는 주님을 신뢰하며 이 모든 어려움을 이겨 나갈 수 있도록 도와주시옵소서. 마음에 불타오르는 꿈과 소원을 가지고 예수 그리스도의 십자가를 바라보며 기적을 베풀어 주시는 하나님께 담대하게 나아가게 하여 주시옵소서. 좋으신 하나님께서 눈에는 아무 증거 안 보이고 귀에는 아무 소리 안 들리고 손에는 잡히는 것이 없어도 우리 속에 그리스도를 향한 넘치는 확신과 용기를 주셨기에 포기하지 않고 입술로 감사와 찬양을 드리게 하여 주시옵소서. 우리 안에 있는 저주와 절망이 떠나가게 하시고 성령께서 힘과 능력을 주셔서 주님이 기뻐하시는 뜻을 이루어 나가는 우리가 되게 하여 주시옵소서. 오직 하나님께만 영광을 돌리게 하여 주시옵소서. 예수님의 이름으로 기도합니다. 아멘.

요약

1. 우리 안에서 행하시는 하나님

우리 안에 계신 하나님은 보통 하나님이 아니라 창조주 하나님이시며 또, 우리를 구원하시기 위해서 그 아들을 보내사 십자가에 못 박아 우리 죄도 청산하시고 우리와 원수가 된 담도 친히 헐어 내시고 귀신도 쫓아내시고 병도 고치신 하나님이십니다. 저주도 다 제하여 주시고 사망과 올무도 철폐하는 일하시는 하나님입니다. 우리 하나님은 일하시는 하나님으로서 여러분과 내 안에 들어와 계시며 만물을 붙잡고 계십니다.

2. 우리에 대해 기쁘신 뜻을 갖고 계신 하나님

여러분은 해가 생기기 전에 이미 하나님의 택함을 받았습니다. 하나님께서는 달도 생기기 전에 별도 생기기 전에 영원한 시간 전에 예수 그리스도 안에서 이미 여러분을 아시고 택해 놓은 것입니다. 하나님께서는 아버지 하나님의 기쁘신 뜻을 우리를 통해 이루기 위해서 이 땅에 여러분과 저를 세워 놓으신 것입니다.

3. 당신의 기쁘신 뜻을 위해
우리로 마음에 소원을 두고 행하게 하시는 하나님

오직 하나님이 주시는 소원은 시간이 가고 날이 가면 갈수록 점점 더 마음에 불타오릅니다. 그리고 소원이 일어나면 그 소원을 이루도록 꿈이 생깁니다. 마음속에 꿈과 환상이 꽉 들어차게 됩니다. 마음속에 확신이 생깁니다. 눈에는 아무 증거 안 보이고 귀에는 아무 소리 안 들리고 손에는 잡히는 것이 없어도 마음속에 소원과 꿈과 확신이 삼박자가 되어 마음을 부여잡고서 "이 길을 가라. 이것을 하라. 누가 뭐라고 말해도 이 길을 가라"고 말합니다.

4. 꿈을 시행하게 해 주시는 하나님

하나님은 기적의 하나님이시기에 일단 우리에게 소원을 주시면 그것을 이룰 수 있는 힘도 주십니다. 하나님의 뜻을 받아들이면 하나님의 꿈을 우리가 마음속에 꾸게 됩니다. 하나님의 꿈은 하나님의 능력에 의하여 성취되는 것입니다.

그러나 우리가 온전한 자들 중에서는 지혜를 말하노니
이는 이 세상의 지혜가 아니요
또 이 세상에서 없어질 통치자들의 지혜도 아니요
오직 은밀한 가운데 있는 하나님의 지혜를 말하는 것으로서
곧 감추어졌던 것인데 하나님이 우리의 영광을 위하여
만세 전에 미리 정하신 것이라

고린도전서 2:6-7

하나님의 계획

1991년 10월 27일

하나님의 계획
<1991년 10월 27일>

　오늘 저는 여러분과 함께 '하나님의 계획'이라는 제목으로 말씀을 나누고자 합니다. 지성이 있는 모든 사람은 자기의 생활과 미래에 대하여 분명한 계획을 세웁니다. 그런데 지성의 총 근본이 되시는 하나님께서 우주 만물과 역사와 미래에 관하여 확실한 계획을 세우고 모든 우주를 운행하시는 것은 당연한 이치가 아니겠습니까? 그 때문에 우리는 주기도문을 외울 때 "뜻이 하늘에서 이루어진 것 같이 땅에서도 이루어지이다"마 6:10라고 기도합니다. 그 의미는 이미 하나님의 뜻은 하늘에서 다 이루어지고 하나님의 계획은 모두 다 완성되었다는 것입니다. 그런 아버지의 뜻과 계획이 이 땅

에 사는 우리에게 다 이루어지기를 우리가 간구하는 것입니다.

　인생을 한 편의 연극으로 비유한다면 그 연극의 줄거리와 대사는 하나님께서 이미 다 적어 놓으셨습니다. 우리는 하나님께서 만드신 이 시간과 공간, 이 시대의 배우들입니다. 여러분 한 사람 한 사람은 하나님께서 세워놓으신 배우들입니다. 배우는 반드시 작가가 이미 적어 놓은 스토리와 대사를 그대로 외워야 합니다. 배우가 자기 마음대로 연기를 하고 자기 마음대로 대사를 해 버리면 그 연극은 엉망이 되어 버리고 마는 것입니다. 그러므로 우리는 그 연극에 등장하는 배우로서 하나님께서 정해 놓으신 대사를 말하고 역할에 충실해야지, 자기 마음대로 행동한다면 하나님이 만들어 놓으신 인생 연극은 엉망이 되어 버리고 마는 것입니다. 그렇기 때문에 우리는 하나님의 음성에 깊이 관심을 두고 그 음성에 귀를 기울이며 진심으로 순종하고 감각과 이성을 뛰어넘어 확실한 믿음을 가지고서 살아야 하는 것입니다.

하나님의 길, 하나님의 음성을 잘 알고 귀 기울여야 함

　우리는 하나님의 길과 하나님의 음성을 잘 알고 귀를 기울여야 합니다. 여러분 하나님께서는 430년 동안 애굽 땅에서 종살이한 이스라엘 백성에게 당신의 길과 음성을 들려주셨습니다. 하나님께서는 이스라엘 백성에게 하나님이 작정하신 길을 분명히 보여 주십니다. 아브라함의 하나님, 이삭의 하나님, 야곱의 하나님께서 나타나서 "너희들을 애굽에서 해방하고 인도하여 저 광야를 지나 내가 예비한 젖과 꿀이 흐르는 가나안 땅에 데리고 가서 나의 영광을 위한 선택된 제사장 민족으로 만들겠다"라고 말씀하신 것입니다. 하나님은 이 계획을 이미 아브라함에게도 말씀하셨고 이삭에게도 말씀하셨고 야곱에게도 말씀하셨습니다. 이것을 분명히 이루겠다고 하신 하나님께서는 그 하나님의 계획과 길을 이스라엘 백성에게 보여 주신 것입니다.

그리고 하나님은 모세를 통해서 시시각각으로 변해 가는 환경에 적응해서 하나님의 계획을 이룰 수 있도록 음성을 들려주셨습니다. 모세의 입술을 통해서 하나님은 이스라엘 백성에게 시시각각으로 하나님의 지시와 음성을 들려주신 것입니다. 그러므로 이스라엘 백성이 하나님의 계획을 마음속에 꽉 채우고 모세의 음성에 귀를 기울였다면 그들은 하나님의 길과 하나님의 음성을 쫓아서 살아갈 수 있었을 것입니다.

그러나 이스라엘 백성의 반응은 어떠했습니까? 이스라엘 백성의 마음이 미혹하여 하나님의 길을 알지 못했습니다. 하나님의 계획을 알지 못하고 조그마한 고난에라도 처하게 되면 자꾸 애굽으로 돌아가자고 말했습니다. 하나님의 길과 계획에 정반대되는 현상으로 "우리 애굽으로 돌아가자. 다시 종살이하자. 하나님은 어떻게 되었는지 모르겠다." 그렇게 불평했습니다. 그리고 그들의 마음이 강퍅하여서 하나님께서 모세를 통해 말씀하실 때 그 말씀에 반발하고 불순종하며 하나님 앞에서 난동을 부렸습니다.

"그러므로 성령이 이르신 바와 같이 오늘 너희가 그의 음성을 듣거든 광야에서 시험하던 날에 거역하던 것 같이 너희 마음을 완고하게 하지 말라 거기서 너희 열조가 나를 시험하여 증험하고 사십 년 동안 나의 행사를 보았느니라 그러므로 내가 이 세대에게 노하여 이르기를 그들이 항상 마음이 미혹되어 내 길을 알지 못하는도다 하였고 내가 노하여 맹세한 바와 같이 그들은 내 안식에 들어오지 못하리라 하였다 하였느니라"_히브리서 3:7-11

이스라엘 백성이 늘 하나님의 길을 알지 못하고 하나님의 음성에 완악하게 대적했으므로 하나님께서는 나중에 이스라엘 백성을 포기해 버리고 말았습니다. "너희는 내가 계획한 안식의 땅에 못 들어온다. 너희는 버림받고 말았다." 하나님은 이스라엘 백성을 버리셨습니다.

오늘날 우리는 우리에 대한 하나님의 길과 하나님의 음성에 귀를 기울여야 합니다. "나 같은 인생에게 하나님이 무슨 관심을 가지시겠는가?" 그렇게 말할 사람이 있을지 모르겠지만, 여러분이 오늘 이 자리에서 하나님의 말씀을 듣고 있다는 사실이 바로 하나님께서 여러분에게 관심을 두고 계신다는 증거입니다. 왜냐하면 예수께서 "너희가 나를 택한 것이 아니요 내가 너희를 택하여 세웠나니"요 15:16라고 말씀하셨기 때문입니다. 그래서 예수님은 "내 아버지께서 오게 하여 주지 아니하시면 누구든지 내게 올 수 없다 하였노라"요 6:65고 말씀하신 것입니다.

그러므로 여러분은 하나님의 택하신 바요, 아버지께서 예수께로 와서 그 아들 예수와 교제하게 했기 때문에 하나님은 여러분을 소상히 알고 계십니다. 성경에는 우리에 대한 하나님의 계획을 분명히 보여 주고 있습니다.

"내 형질이 이루어지기 전에 주의 눈이 보셨으며 나를 위하여 정한 날이 하루도 되기 전에 주의 책에 다 기록이 되었나이다"_시편 139:16

내가 어머니 배 속에서 태어나서 하루도 아직 살지 않았는데 우리 일생이 하나님의 책에 이미 다 소상하게 기록되어 있다는 것입니다. 그러므로 우리는 우리의 삶에 있어서 하나님이 벌써 '나의 일생에 살아갈 길을 소상하게 다 계획하고 그 길을 준비하셨다'라는 것을 알고 하나님의 음성에 귀를 기울여야 하는 것입니다. 이제 하나님께서는 당신의 음성을 통하여 하나님의 길로 여러분과 저를 이끌어 주십니다.

우리는 하나님의 길로 가야 합니다. 내 길로 가면 안 됩니다. 아담과 하와처럼 하나님이 예비하신 그 에덴과 하나님의 길을 저버리고 자기들 길로 나가서 저주를 받고 가시와 엉겅퀴에서 인생을 뒹굴고 피투성이가 되도록 하는 이런 실수는 더는 하지 말아야 하는 것입니다. 하나님의 길이 있는데 내 길을 가기 위해서 주의 길을 저버려서는 안 됩니다. 여러분, 하나님은 우리가 하나님의 길로 가도록 모든 것을 예비하시고 성령으로 우리를 인도해 주시고 계십니다.

"기록된 바 하나님이 자기를 사랑하는 자들을 위하여 예비하신 모든 것은 눈으로 보지 못하고 귀로 듣지 못하고 사람의 마음으로 생각하지도 못하였다 함과 같으니라 오직 하나님이 성령으로 이것을 우리에게 보이셨으니 성령은 모든 것 곧 하나님의 깊은 것까지도 통달하시느니라 사람의 일을 사람의 속에 있는 영 외에 누가 알리요 이와 같이 하나님

의 일도 하나님의 영 외에는 아무도 알지 못하느니라 우리가 세상의 영
을 받지 아니하고 오직 하나님으로부터 온 영을 받았으니 이는 우리로
하여금 하나님께서 우리에게 은혜로 주신 것들을 알게 하려 하심이라"
_고린도전서 2:9-12

하나님께서 은혜로 우리를 위해서 예비해 놓으시고 준비해 놓은 것을 우리가 깨달아 알 수 있도록 성령께서 우리에게 말씀해 주시는 것입니다. 출애굽 당시 이스라엘 백성에게는 모세를 통하여 말씀하셨고, 오늘날은 하나님의 성령이 우리에게 말씀을 통해서, 기도할 때 성령의 계시를 통해서 우리가 갈 길을 보여 주시는 것입니다.

하나님의 길을 찾아야 함

그렇다면 우리는 어떻게 살아야 하겠습니까? 어떠한 삶의 태도를 취하며 살아야 하겠습니까? 우리는 하나님의 길을 간절히 찾아야만 합니다. 사람들은 자기의 길을 정해 놓고 하나님의 도움을 청합니다. "하나님, 나는 이 길로 가겠습니다. 이 사업을 하겠습니다. 이렇게 살겠습니다. 주여! 와서 도와주시옵소서. 믿습니

다. 믿습니다. 도와주시옵소서." 그렇게 하나님을 설득하려고 철야도 하고 금식도 하며 몸부림칩니다.

그러나 이것은 하나님이 보시기에는 영 잘못된 길입니다. 생각해 보십시오. 우리가 자식을 기르는데 그들이 우리가 보기에는 너무 어리고 완전히 잘못된 길로 가려고 작정해 놓고, "아버지 어머니, 저는 이리 가게 해 주세요. 이리 가게 해 주세요. 믿습니다. 믿습니다"라고 한다면 들어줄 턱이 있습니까? 부모는 자식이 잘 되어서 훌륭하게 살기를 원하고 마음속에 계획을 세우고 있는데 자식은 그것을 다 버리고 넝마주이가 되겠다고 하면 어느 부모가 "오냐, 네 마음대로 넝마주이가 되어라"고 하겠습니까? 그렇게 할 부모는 아무도 없습니다. 부모는 격렬하게 반대할 것입니다.

이렇듯 하나님의 길을 찾지 않고 이미 나의 길을 정해 놓고 하나님의 도움을 청하는 자가 너무 많습니다. 저에게 기도 받으러 오는 대다수 사람을 보면 이미 자기 갈 길을 다 정해 놓고 난 다음에 안수해 달라고 합니다. "주님을 설득해서 내가 갈 길로 주님이 따라오시면서 도와주게 하옵소서. 나는 대장이고 주님은 졸병입니다." 그렇게 해서는 안 됩니다.

또 어떤 사람은 하나님의 길을 찾았으나 마음에 안 들면 자기 마음대로 가는 사람이 있습니다. 하나님의 길을 찾아서 가다가 그 길이 조금 어렵다고 해서 그만 "옛다, 버려버리자. 나는 내 마음대로 가련다"라고 말하면 안 되는 것입니다. "데마는 이 세상을 사랑하여 나를 버리고 데살로니가로 갔고"딤후 4:10라는 말씀처럼 하나님의 길이 어렵다고 자기 마음대로 데살로니가로 가버리면 그로써 바람과 함께 사라져 버리고 마는 것입니다. 우리는 하나님의 길을 찾고 난 다음에는 끝까지 하나님의 그 길을 걸어가야만 합니다.

눈에는 아무 증거 안 보이고 귀에는 아무 소리 안 들리고 손에는 잡히는 것도 없고 내 앞길이 어려워도 하나님이 정한 길은 우리를 위한 최선, 최상의 길인 것입니다. 그 길은 우리가 찾고 걸어가야만 하는 길입니다. 그러면 하나님께서 모든 일이 합력하여 종국에는 선을 이루게 만들어 주십니다롬 8:28. 그러므로 우리가 하나님의 길을 찾으면 하나님은 성경 말씀을 통하여, 성령을 통하여 우리에게 하나님의 길을 보여 주시는 것입니다.

우리는 늘 말씀을 읽고 말씀을 들어야 하며, 늘 기도함으로 성령의 인도를 받아야 합니다. 하나님께서는 말씀과 성령을 통하여 우리 가운데 당신의 길을 보여 주십니다. 하나님은 당신의 길을 보여 주시지도 아니하고서 우리가 잘못 갔다고 채찍으로 때리는 그런 분이 아니십니다. 우리가 하나님의 길을 알고자 하면 이 길이 하나님으로부터 온 길인지 내 생각에서 온 길인지 분명히 깨달을 수 있습니다. 그러므로 말씀과 성령을 통하여 우리가 하나님의 길을 찾을 때 하나님께서는 성령을 통하여 마음에 뜨거운 소원으로 이끌어 주시는 것입니다.

우리 마음에 있는 소원은 하나님의 길을 찾는 데 굉장히 중요한 것입니다. 기도할 때 하나님께서 내 마음속에 구름기둥과 불기둥 같은 소원을 일으켜 주십니다. 그리고 내가 하나님께 계속해서 기도할 때 이 구름기둥과 불기둥 같은 소원이 사라져 버린다면 그것은 일시적인 감정이거나 마귀가 미혹한 것입니다. 성령께서 주시는 마음의 소원은 우리가 기도할수록 그 깊이와 넓이와 높이가 더 깊고 넓고 높아지고 지구하게 우리의 마음속에 정신을 휘어잡는 간절한 소원으로 이끕니다.

그러므로 우리가 기도할 때 말씀과 성령을 통하여 마음에 뜨거운 소원이 오는지를 살펴보면 마음에 환한 깨달음이 올 것입니다. 당장은 혼돈 속에 있지만 좀더 기도하고 기다리면, 세월이 흘러가면 내가 가야 할 하나님의 길이 환하게 깨달아지는 것입니다. 당장은 하나님께서 마음을 환히 깨달아지게 하지 않으시더라도 기다리는 것이 좋습니다. 사람들은 너무 성급해서 하나님보다 앞서 뛰다가 문제를 만듭니다. 우리가 하나님을 기다리고 있으면 하나님께서 우리를 위해서 정한 길이 환하게 나타나게 됩니다. 분명한 깨달음이 내 앞으로 다가오게 됩니다.

또한, 하나님께서 우리를 이끌 때는 마음속에 깊은 신념이 솟아오릅니다. 우리 마음속에서부터 확실한 신념이 솟아오릅니다. 비록 눈에는 아무 증거 안 보이고 귀에는 아무 소리 안 들리고 사람들은 비난하고 반대하더라도 내 마음속에 도저히 지울 수 없는 확실한 신념이 구름기둥과 불기둥같이 솟아오릅니다. '이 길은 가야만 하는 길이다. 이 길은 성공하는 길이다.' 이런 신념이 우리의 마음속에 확실하게 솟아오릅니다.

하나님께서 우리에게 길을 보여 주실 때는 흔들리지 않는 마음의 평화가 있습니다. 마음의 평화가 마음속에서부터 넘쳐납니다. 마음에 불안과 공포가 꽉 들어차 흔들흔들하면 그것은 아직 하나님으로부터 말씀을 듣지 못한 것입니다. 여러분, 마음속에 무엇인가 불안하고 흔들흔들하면 그건 길을 잘못 들어선 것입니다. 여러분이 길을 찾아갈 때 길을 잘못 들어서면 마음이 불안하고 공포가 있고 염려가 있지 않나요? 내가 아는 길로 들어서면 마음이 평안하지요. 그러므로 하나님은 평강에서 평강으로 우리를 이끌어 주시는 것입니다.

우리가 살아갈 때 하나님의 길을 반드시 찾아야 하는데, 이 길은 하나님께서 우리 마음에 뜨거운 소원을 통해서, 마음에 환한 깨달음을 통해서, 확실한 신념을 통해서 그리고 흔들리지 않는 영혼 속의 평화를 통해서 여러분에게 "이 길이다. 이 길로 가라. 이 길로 가라." 그렇게 말씀해 주시는 것입니다. 우리는 하나님께서 우리 일생을 위해서 모두 계획해 놓으신 그 길로 말씀과 성령이 이끌 때 귀를 기울이고 그 길을 따라가야만 하는 것입니다.

순종과 믿음으로 하나님의 길을 따라가야 함

우리가 하나님의 길을 찾았으면 이제는 순종과 믿음으로 따라가야 합니다.

"또 하나님이 누구에게 맹세하사 그의 안식에 들어오지 못하리라 하셨느냐 곧 순종하지 아니하던 자들에게가 아니냐 이로 보건대 그들이 믿지 아니하므로 능히 들어가지 못한 것이라"_히브리서 3:18-19

하나님이 예비한 가나안 땅에 이스라엘 백성이 들어가지 못한 것은 순종하지 않았기 때문이며 믿지 않았기 때문입니다. 그러므로 우리는 순종과 믿음으로 나아가야 합니다. 하지만 우리가 순종을 할 때는 반드시 희생이 따릅니다. 우리가 하나님의 길을 따라가려고 할 때, 세상 길을 따라가는 사람이 모두 다 우리를 향해 손가락질하고 반대합니다. 세상 길로 가는 가족 중에도 혹은 남편이 하나님의 길을 따라가려는 우리를 협박하기도 합니다. 혹은 아내가 세상 길로 가면서 하나님의 길로 가는 남편을 반대하기도 합니다. 혹은 일가친척 중 세상 길에 서 있는 사람들이 하나님 길로 가는 사람을 막고 욕하고 주먹을 휘두를 때도 있습니다. 또, 세상 길로 가는 직장과 사업장에 사람들이 하나님의 길로 가려는 우리를 훼방하고 온갖 모욕을 할 때가 있습니다. 왜 그럴까요? 그것은 길이 다르기 때문입니다. 하나님의 길과 세상 길이 다릅니다. 그렇기 때문에 하나님의 길로 가려고 여러분이 순종할 때 희생을 각오해야만 합니다.

하나님께서 아브라함에게 하나님의 길을 가라고 말씀했습니다. "아브라함아, 네 전토 친척 아비 집을 떠나 내가 네게 지시할 곳으로 가라." 하나님의 길로 가라는 명령이 떨어졌습니다. 이제 아브라함은 무서운 저항을 받게 됩니다. 아브라함의 나이 75세에 자기가 살던 전토를 버리고 친척들을 다 떠나보내고 아비 집을 하직하고 "가라!"는 말씀은 무서운 희생을 의미하는 것입니다. 아브라함은 이 희생을 감당하지 못해서 전토도 끌어모으고 친척 아비 집의 조카를 데리고 떠났다가 나중에 굉장한 시련을 겪었습니다. 이처럼 하나님의 길을 가려고 순종할 때는 반드시 세상 길에 서 있는 사람들이 핍박을 하는 것입니다.

성경은 하나님의 길을 갈 때 혈족의 만류도 들어서는 안 된다고 단호하게 말씀하고 있습니다.

"무릇 내게 오는 자가 자기 부모와 처자와 형제와 자매와 더욱이 자기 목숨까지 미워하지 아니하면 능히 내 제자가 되지 못하고 누구든지 자기 십자가를 지고 나를 따르지 않는 자도 능히 내 제자가 되지 못하리라"_누가복음 14:26-27

하나님의 길을 가려고 할 때 세상 길에 서서 우리를 막으면 그때는 부모도 처자도 형제도 자매도 그리고 자기 자신까지도 저버리고 주님을 따라가야 합니다. 그러지 않으면 하나님과 상관없다고 말씀하십니다. 하나님의 길을 가는 데는 많은 희생을 각오하지 않으면 안 됩니다. 하나님의 길을 가기 위해서 "주일에 놀러 가자. 점심 싸서 등산가자. 단풍 구경 가자"라고 하는데, "나는 성수 주일 하겠다. 하나님의 길로 가겠다"라고 거절하면 그들의 마음이 편안할 턱이 있을까요? 월급의 십일조 딱 떼어서 하나님께 드리겠다고 말하면 세상 길로 가는 사람은 "그 아까운 돈을 왜 하나님께 드리느냐?"라고 말할 것입니다. 하나님의 길로 가는 사람은 "이것은 하나님께 드릴 물건이니 하나님께 바친다"라고 말하면, 그들의 마음이 편안할 턱이 있을까요?

요즘은 세상에서 일하다 보면 돈도 많이 받는데 교회에 새벽같이 와서 저녁 늦게까지 땀을 뻘뻘 흘리며 아무 칭찬도 못 듣고 돈도 못 받으면서 일하는 모습을 가족들이 보고 "저거 예수에 미쳐도 보통 미친 게 아니다. 영 사람 실성하고 말았다." 그렇게 말합니다. 하나님의 길로 가는 사람을 세상 길로 가는 사람이 볼 때는 이해가 안 됩니다.

그래서 아브라함은 자기의 가족이나 친척의 반대가 하도 심해서 하나님 나라의 길로 갈 때 세상 길을 함께 업고 갔습니다. 자기의 전토를 다 끌어모으고 자기 아비 집의 조카를 데리고 갔다가 가나안에 들어가서 하나님의 심판을 받아 기근이 들었으니 얼마나 괴로웠겠습니까? 그래서 그는 아예 하나님의 길을 버려 버렸습니다. '에라 모르겠다. 하나님의 길 버리고 내 길로 가자.' 이렇게 생각하며 하나님의 길을 저버리고 아내와 함께 애굽으로 내려가 완전히 자기 길로 갔습니다. 자기 길로 가서 자기 아내도 누이라 하고 아비멜렉에게 보내고 엉망으로 산 결과로 상처투성이가 되었습니다. 피투성이가 되었습니다.

물론, 이후 통회하고 자복하며 가나안 땅으로 올라와서 바로 하나님의 길로 돌아왔습니다. 그때 아브라함은 순종을 배웠습니다. 하나님의 길에 서서 순종하며 살기로 각오했습니다. 100세가 되어 낳은 아들을 하나님께서 모리아 산에 번제로 드리라고 말씀하실 때는 세상 길을 택하지 않았습니다. 자기 아내와 의논하고 자식과 의논하고 결정하겠다는 세상 길을 택하지 않았습니다. 그는 단호했습니다. '나는 하나님의 길을 그대로 간다. 하나님께서 나를 부르셨으면 나는 이해가 되든지 안 되든지 하나님의 길로 간다'라고 결심한 것입니다. 그렇게 아브라함은 100세에 낳은 아들을 데리고 모리아 산에 제물로 드리기 위해서 하나님의 길로 걸어갔던 것입니다.

이제 아브라함은 완전히 하나님 길에 달통한 사람입니다. 그래서 하나님께서 아브라함을 나의 친구라고 말씀하고, 아브라함에게 복 주고 복 주며 번창케 하고 번창케 했던 것입니다. 그러므로 하나님의 길을 가는 데는 희생이 따릅니다. 희생이 따르는 것 때문에 그만 세상 정에 끌려서 하나님 길을 저버리고 타협하고 나가면 그 이후에는 많은 시험과 환난이 다가오고, 하나님으로부터의 의심이 내려오는 것입니다. 그러므로 여러분이 하나님의 길을 갈 때에 순종과 희생을 각오하고 뒤를 돌아보지 말고 앞으로 나아가기를 주의 이름으로 축원합니다.

믿음으로 길을 걸어가야 함

하나님의 길을 갈 때는 믿음으로 그 길을 걸어가야 합니다. 믿음이란 무엇일까요? 믿음이란 죽은 자를 살리는 것과 같은 기적을 믿어야 하고 없는 것을 있는 것 같이 믿어야 하는 것입니다.

"기록된 바 내가 너를 많은 민족의 조상으로 세웠다 하심과 같으니 그가 믿은 바 하나님은 죽은 자를 살리시며 없는 것을 있는 것으로 부르시는 이시니라"_로마서 4:17

기적을 믿지 않고 눈에 안 보이는 것을 있는 것처럼 믿지 않으면 그건 믿음이 아닌 것입니다. 여러분, 육에 속한 사람은 감각주의자가 되어서 눈으로 보는 것, 귀로 듣는 것, 냄새 맡는 것, 맛보는 것과 손으로 만지는 것만 믿어 보겠다고 말합니다. 이러한 감각주의 자는 절대로 믿음에 서지 못 합니다. 왜냐하면 하나님의 믿음은 눈에 보이지 않는 것을 믿는 것이기 때문입니다. 감각할 수 없는 것을 믿는 것이기 때문입니다. 천국은 보이지도 않고 들리지도 않고 맛볼 수도 없고 잡아볼 수도 없지만 우리는 믿습니다. 그러나 감각주의자, 육에 속한 사람은 절대로 천국을 믿지 않습니다. 그러므로 우리는 감각주의자가 되어서는 안 됩니다.

혼에 속한 사람은 이성 및 과학만능주의자입니다. 혼에 속한 사람은 모든 것을 이성적으로 생각하고 합리주의로 생각하고 과학적으로 생각해서 이성이나 합리나 과학에 맞지 않으면 절대로 믿지 않습니다. 그러나 하나님의 역사는 죽은 자를 살리십니다. 죽은 자를 살리는 것은 과학이나 이성이나 합리성에는 절대적으로 어긋납니다. 그럼에도 불구하고 오늘날 믿음이란 하나님의 말씀이 주어졌으면 비이성적이거나 비과학적이라도 믿는 것입니다. 영에 속한 사람은 육에 속한 사람과 혼에 속한 사람과 달리 하나님의 말씀을 믿고 기적을 믿고 눈에는 안 보이는 것도 믿고 인간의 생각으로 가능치 않은 것도 믿고 나가는 것이 참된 믿음인 것입니다.

그러므로 오늘날 하나님의 길을 가기 위해서는 영의 사람이 되어야 하는 것입니다. 육에 속한 사람이 되어 감각주의로 살아서는 안 됩니다. 혼의 사람이 되어서 이성적 또는 과학적인 생각만 가지고 살아서도 안 됩니다. 영의 사람은 하나님이 말씀하시면 눈에는 아무 증거 안 보이고 귀에는 아무 소리 안 들리고 내 과학적인 사고로써는 어리석게 보여도 죽은 자를 살리는 기적을 믿고 없는 것을 있는 것 같이 믿으며 나아가는 사람입니다.

여러분, 우리는 믿음으로 살아야 합니다. 그래서 성경은 "나의 의인은 믿음으로 말미암아 살리라 또한 뒤로 물러가면 내 마음이 그를 기뻐하지 아니하리라 하셨느니라"히 10:38고 말씀하신 것입니다.

홍해는 육에 속한 사람을 위해서 혹은 혼의 사람을 위해서 갈라진 것이 아니라 영에 속한 사람, 하나님의 길에 속한 모세가 기적을 일으킨 것입니다. 없는 것을 있게 하시는 하나님을 믿음으로 홍해가 갈라진 것입니다.

하나님께서는 우리가 태어나기도 전에 이미 우리를 아시고 우리의 일생을 계획해 놓으시고 필요한 모든 것을 다 예비해 놓으셨습니다. 우리가 하나님의 계획을 말씀을 통해, 기도를 통해 성령님의 인도로 깨달아 그 길에 순종하고 억세게 믿으며 나아갈 때, 하나님께서 우리를 돌보아 주시고 우리 일생을 책임져 주시는 것입니다. 우리는 하나님께 업혀서 일생을 살게 됩니다. 내가 피땀을 흘려서 사는 것이 아니라 하나님의 손에 잡혀서, 하나님의 등에 업혀서 하나님의 능력으로 우리의 일생을 살고 천국까지 가게 되는 것입니다.

기도

　전능하시고 거룩하신 우리 하나님 아버지시여, 오늘날 사람들은 하나님의 계획을 저버리고 하나님의 길을 떠나서 아담과 하와처럼 자기의 수단과 방법과 노력으로 자기의 길을 정해 놓고 살려고 하다가 피투성이가 된 사람이 많습니다. 내가 세운 가정 내가 세운 사업 내가 쌓은 내 인생. 자기가 설계하고 자기가 계획하고 자기 힘으로 가려다가 힘에 부치니 피투성이가 됩니다.
　하나님 우리 아버지여, 여호와야훼 하나님이여, 오늘 하나님께 기도하오니 하나님께서 우리 한 사람 한 사람에 대한 일생의 모든 삶의 계획이 이미 다 완성되어 있다는 것을 알게 해 주시옵소서. 예수님께서 말씀하신 대로 내 뜻대로 마옵시고 아버지 뜻대로 하시옵소서.

예수님조차도 겟세마네 동산에서 십자가에 못 박히는 것이 하나님의 계획이면 하나님 계획대로 해 달라고 기도했습니다. 하나님의 계획은 어느 때는 십자가에 매달리는 고통이 오지만, 그 뒤에는 영광스러운 부활이 계획되어 있습니다.

그러므로 아버지 하나님, 사람의 생각대로 살지 말고 하나님의 계획을 쫓아 사는 우리가 다 되게 도와주시옵소서. 우리 주 예수 그리스도의 이름으로 기도합니다. 아멘.

요약

1. 하나님의 길, 하나님의 음성을 잘 알고 귀를 기울여야 함

우리는 하나님이 나의 일생에 살아갈 길을 소상하게 다 계획하시고 그 길을 준비해 놓으셨다는 것을 알아야 합니다. 그리고 하나님의 음성에 귀를 기울여야만 합니다. 이제 하나님께서 주의 음성을 통하여 하나님의 길로 우리를 이끌어 주실 때 우리는 그 길로 가야 합니다.

2. 하나님의 길을 찾아야 함

하나님께서는 말씀과 성령을 통하여 우리 가운데 당신의 길을 보여 주십니다. 하나님은 당신의 길을 보여 주시지도 아니하고서 잘못 갔다고 채찍으로 때리는 그런 분이 아니십니다. 우리가 하나님의 길을 알고자 하면 이 길이 하나님으로부터 온 길인지 내 생각에서 온 길인지 분명히 깨달을 수 있습니다. 우리가 말씀과 성령을 통하여 하나님의 길을 찾을 때 하나님께서는 성령을 통하여 마음에 뜨거운 소원으로 이끌어 주십니다.

3. 순종과 믿음으로 하나님의 길을 따라가야 함

 하나님의 길을 가는 데는 희생이 따릅니다. 희생이 따르는 것 때문에 그만 세상 정에 끌려서 하나님 길을 저버리고 타협하고 나가면 그 이후에는 많은 시험과 환난이 다가오게 됩니다. 그러므로 하나님의 길을 갈 때는 순종과 희생을 각오하고 뒤를 돌아보지 말고 앞으로 나아가야 합니다.

4. 믿음으로 길을 걸어가야 함

 하나님의 길을 가기 위해서는 영의 사람이 되어야 합니다. 육에 속한 사람이 되어 감각주의로 살아서는 안 됩니다. 혼의 사람이 되어서 이성적 과학적인 생각만 가지고서 살아서도 안 됩니다. 영의 사람은 하나님이 말씀하시면 눈에는 아무 증거 안 보이고 귀에는 아무 소리 안 들리고 내 과학적인 사고로써는 어리석게 보여도 죽은 자를 살리는 기적을 믿고 없는 것을 있는 것 같이 믿으며 나아가는 사람입니다.

야곱아 어찌하여 네가 말하며 이스라엘아 네가 이르기를
내 길은 여호와야훼께 숨겨졌으며
내 송사는 내 하나님에게서 벗어난다 하느냐
너는 알지 못하였느냐 듣지 못하였느냐
영원하신 하나님 여호와야훼, 땅 끝까지 창조하신 이는
피곤하지 않으시며 곤비하지 않으시며
명철이 한이 없으시며 피곤한 자에게는 능력을 주시며
무능한 자에게는 힘을 더하시나니 소년이라도 피곤하며 곤비하며
장정이라도 넘어지며 쓰러지되 오직 여호와야훼를 앙망하는 자는
새 힘을 얻으리니 독수리가 날개치며 올라감 같을 것이요
달음박질하여도 곤비하지 아니하겠고 걸어가도 피곤하지 아니하리로다

이사야 40:27-31

여호와〔야훼〕를 앙망하는 자는
새 힘을 얻으리니

1993년 7월 18일

여호와를 앙망하는 자는
새 힘을 얻으리니

<1993년 7월 18일>

오늘 저는 여러분과 함께 '여호와야훼를 앙망하는 자는 새 힘을 얻으리니'라는 제목으로 말씀을 나누고자 합니다. 모든 성도는 신앙생활 중 수차례 신앙의 밤을 지나게 됩니다.

최근에 어떤 훌륭한 목사님이 신앙의 밤을 통과하게 되었습니다. 그는 마치 하나님께 버림받은 그런 심정을 가지고 참담한 마음과 비참함을 뼈저리게 느끼고 이제는 쓸모없는 존재가 되었다고 생각하여 제게 눈물 흘린 편지를 보냈습니다.

저도 35년의 목회 생활 중 많은 신앙의 밤을 지나왔습니다. 사람이 신앙의 밤을 지날 때는 마치 칠흑 같이 어두운 터널을 지난 것 같습니다. 온 세상이 캄캄하고 절망적으로 보입니다. 하나님으로부터 잊혀지고 버림받았다고 생각되던 때가 있습니다. 이스라엘이 신앙의 밤을 지날 때 하나님께서는 이스라엘을 보시고 이렇게 말씀하셨습니다.

"야곱아 어찌하여 네가 말하며 이스라엘아 네가 이르기를 내 길은 여호와야훼께 숨겨졌으며 내 송사는 내 하나님에게서 벗어난다 하느냐" _이사야 40:27

최근 저는 심신이 지쳐서 마음이 가라앉은 적이 있었습니다. 그때 이런 생각을 했습니다. '세월이 빨리 흘러가서 이제 교회에서 은퇴했으면 좋겠다.' 그렇게 생각하면서 앉아 있는데 갑자기 하나님의 음성이 내 영혼 속에 임하였습니다. 순식간에 주님의 말씀이 제 마음속에 들려온 것입니다. "조 목사야, 내가 피곤하지 않은데 네가 왜 피곤하니? 내가 낙심하지 않은데 네가 왜 낙심하니?" 이 말씀은 순식간 제 마음속에 있었던 모든 피곤과 고달픔의 안개구름을 지워 버렸습니다. 새로운 용기와 힘이 솟구쳐 오르기 시작한 것입니다. 여러분, 지금 이 시간 신앙의 밤을 지나면서 낙심하고 있습니까? 피곤함에 지쳐 있습니까? 여러분에게 하나님은 이와 같이 말씀하십니다.

"너는 알지 못하였느냐 듣지 못하였느냐 영원하신 하나님 여호와야훼, 땅 끝까지 창조하신 이는 피곤하지 않으시며 곤비하지 않으시며 명철이 한이 없으시며 피곤한 자에게는 능력을 주시며 무능한 자에게는 힘을 더하시나니 소년이라도 피곤하며 곤비하며 장정이라도 넘어지며 쓰러지되 오직 여호와야훼를 앙망하는 자는 새 힘을 얻으리니 독수리가 날개치며 올라감 같을 것이요 달음박질하여도 곤비하지 아니하겠고 걸어가도 피곤하지 아니하리로다"_이사야 40:28-31

오늘 이 시간 우리는 인생길을 걸어가면서 지치고 피곤하고 낙심될 때, 그리고 기도가 나오지 않고 신앙이 가라앉고 심신이 지쳐서 깊은 신앙의 밤을 지날 때, 여호와야훼를 앙망해야 하는 것입니다. 우리의 수단과 방법으로 생명의 길을 찾으려고 애를 쓴다고 해서 밤이 밝아지지 않습니다. 밤을 오게 하고 또 밤을 그치게 하는 것은 하나님의 능력에 있는 것입니다.

그러므로 우리가 하나님 앞에 나왔을 때 기도가 나오지 않으면 아무 말을 하지 않더라도 그저 하나님을 잠잠히 바라고 기다려야 합니다. 그때 하늘에서 새로운 생기와 생명이 넘쳐나기 시작하는 것입니다. 하나님이 말씀을 주시든지, 성령의 감동을 주시든지, 치료의 손길을 나타내시든지 하나님의 역사는 여호와야훼를 앙망하는 자에게 반드시 임합니다.

그러면 우리가 여호와야훼를 앙망할 때 어떤 마음의 태도를 가지고 여호와야훼를 앙망해야 할까요?

<u>여호와야훼 이레 하나님을 앙망해야 한다</u>

우리가 여호와야훼를 앙망할 때 우리 하나님은 이레가 되신다는 것을 알고 하나님을 쳐다봐야 합니다. 이레라는 것은 예비하신다는 뜻입니다. 하나님은 여호와야훼 이레이십니다. 예비하시는 하나님이라는 뜻입니다.

하나님은 천지와 만물을 지으시고 예비하는 하나님이신 것입니다. 하나님은 아담과 하와를 짓기 전에 하늘과 땅과 세계의 모든 것을 예비하셨습니다. 에덴동산에 모든 것을 예비해 놓으신 후 아담과 하와를 지으셨습니다.

또, 하나님은 예수님의 십자가를 통하여 구원을 예비하시고 그리스도께서 몸이 찢기고 피를 흘리심으로 말미암아 우리의 죄악과 불의와 저주와 죽음을 다 청산해 버리고 천국을 예비하셨습니다. 그러고 난 다음에 주님은 우리를 부르셔서 예수님을 믿고 구원받게 하셨습니다.

또, 우리 주님은 장차 우리가 가서 거해야 될 새 하늘과 새 땅과 새 예루살렘을 예비해 놓으셨습니다. 우리가 언제 부름을 받아도 하나님께서는 우리 있을 처소로 안내해 주시는 것입니다. 그뿐만 아니라 지금 우리가 살아가는 인생길도 주님은 다 예비해 놓으셨습니다.

성경은 "하나님이 자기를 사랑하는 자들을 위하여 예비하신 모든 것은 눈으로 보지 못하고 귀로 듣지 못하고 사람의 마음으로 생각하지도 못하였다 함과 같으니라"고전 2:9고 말씀했습니다. 하나님께서 성령으로 이것을 우리에게 보이셨다고 말씀한 것입니다.

그러므로 우리가 하나님을 앙망할 때 우리를 위해서 모든 것을 예비하셨고, 앞으로도 예비하실 하나님을 쳐다봐야 합니다. 그리고 우리는 하나님께 이렇게 기도해야 합니다. "하나님 나는 지치고 피곤하고 고달프고 낙심하고 있습니다. 그러나 내 눈에는 아무 증거 안 보이고 내 귀에는 아무 소리 안 들리고 내 손에도 잡히는 게 없지만 내 앞길은 주님께서 다 예비해 놓으신 줄로 믿습니다. 예비하시는 하나님, 내 마음에 염려와 근심을 없애 버리시고 고달픔을 없애 버리시고 하나님을 향한 줄기찬 신앙과 기쁨으로 채워 주시옵소서." 우리가 이와 같이 기도하면서 여호와야훼를 앙망한다면, 우리를 위해서 예비하시는 여호와야훼 이레 하나님께서 우리의 심령에 생명으로 충만하게 채워 주시는 것입니다.

여호와야훼 라파 하나님을 앙망해야 한다

우리가 하나님을 앙망할 때는 여호와야훼 라파 하나님을 앙망해야 합니다. 여호와야훼 라파라는 것은 우리의 병을 치료하시는 하나님이라는 뜻입니다.

여러분, 우리는 하나님이 우리의 치료자가 되신다는 것을 알아야 합니다. 왜냐하면 하나님은 애초부터 병을 만드신 적이 없기 때문입니다. 우리가 오늘날 병들고 고통당하는 것은 아담이 타락했기 때문입니다. 그 죄와 마귀의 역사로 말미암은 것입니다. 마귀가 와서 우리를 도둑처럼 죽이고 멸망시키는 방법의 하나로 질병을 가져온 것입니다.

그러나 우리 하나님께서는 예수님을 보내셔서 오고 가는 길에 보이는 모든 병든 자를 고치셨습니다. 여러분, 예수님의 사역을 통해서 보십시오. 예수님이 하신 일 가운데 병 고침이 가장 중요했습니다. 그러므로 주님은 "회개하라, 천국에 가까이 왔다"라고 말씀하시며 곧장 귀신을 쫓아내시고 병든 자를 고치고 나병 환자를 깨끗이 하고 죽은 자를 살리는 역사를 보이셨습니다. 그리고 이 일을 열두 제자와 70인의 제자들에게도 하라고 말씀하셨고, 마지막 떠나시기 전에도 이렇게 말씀하셨습니다.

"믿는 자들에게는 이런 표적이 따르리니 곧 그들이 내 이름으로 귀신을 쫓아내며 새 방언을 말하며 뱀을 집어올리며 무슨 독을 마실지라도 해를 받지 아니하며 병든 사람에게 손을 얹은즉 나으리라 하시더라"_마가복음 16:17-18

그렇기 때문에 우리는 예수님께서 우리를 위해서 모든 질병을 십자가에서 짊어지고 다 청산하신 사실을 알아야 합니다. 예수님이 우리의 연약한 것을 친히 담당하시고 병을 짊어지고 가셨으며, 주님이 채찍에 맞고 흘리신 피 값으로 오늘날 우리는 치료를 받습니다. 주의 등과 허리에서 흘리신 그 보혈이 오늘날 부르짖고 있습니다. "그가 채찍에 맞음으로 너희가 고침을 받았다"라고 외치고 있는 것입니다_벧전 2:24. 그러므로 오늘 이 시간 우리는 주님을 바라볼 때 여호와야훼 라파이신 하나님을 바라봐야 합니다. "나의 치료자 하나님이여, 나는 잠잠히 주님을 쳐다보며 주를 앙망하며 주를 믿습니다. 내 심신이 병들고 고달팠으니 주여 오셔서 나를 고쳐주시옵소서"라고 기도해야 하는 것입니다.

우리가 주를 앙망하고 기다리면 주님께서 성령을 보내주시고 치료의 은혜를 보내서 독수리가 날개 치며 올라감 같을 것이요, 달음박질해도 피곤치 않고 걸어가도 곤비치 않는 은혜의 역사를 우리에게 베풀어 주십니다사 40:31.

여호와야훼 닛시 하나님을 앙망해야 한다

우리가 주님을 앙망할 때 우리는 여호와야훼 닛시 하나님을 앙망해야 합니다. 여호와야훼 닛시는 하나님은 우리의 깃발이라는 뜻입니다. 그러면 하나님이 우리의 깃발이라는 말은 무슨 말일까요?

여러분, 깃발은 기쁜 날 높이 달지요. 축제일이나 명절에 깃발을 답니다. 하나님은 우리의 기쁨이고 축제입니다. 우리의 마음이 아무리 슬픔으로 꽉 들어차도 하나님이 오시면 마음 위에 사랑과 기쁨의 깃발을 달고 펄럭이게 되는 것입니다.

또, 내가 아무리 슬프고 고달플지라도 하나님을 앙망하고 기다리면 하나님은 우리의 축제가 되시므로 하나님께서 우리에게 잔칫상을 맞이하는 것 같은 기쁨을 허락해 주시는 것입니다.

또한 깃발은 승리를 상징합니다. 여호와야훼, 우리 하나님은 우리의 승리의 깃발입니다. 우리가 낙심하고 피곤하고 고달프고 패배한 심정을 가지고 있을 때 여호와야훼를 앙망하면, 승리의 깃발 되신 우리 하나님께서 예수 그리스도를 통해서 우리를 찾아오는 것입니다. 그래서 좌절하고 낙심하여 주저앉은 우리를 향해서 "이 사람아 일어나라, 내가 낙심하지 않았는데 네가 왜 낙심하느냐? 내가 좌절하지 않았는데 왜 네가 좌절하느냐? 내가 울지 않는데 왜 네가 울고 있느냐? 일어나라, 나와 함께 가자"라고 말씀하시는 것입니다. 그러므로 성령의 깃발 되시는 우리 하나님을 바라볼 때 우리가 힘을 얻을 수가 있는 것입니다.

또한 깃발은 우리를 이끄는 선봉입니다. 군대가 행진할 때 앞에서 깃발을 펄럭이며 나아가면 모두 그 깃발을 바라보고 뒤에서 따라갑니다. 하나님은 우리의 앞에서 깃발을 펄럭이며 앞으로 앞으로 우리를 이끌어 가시는 것입니다.

그러므로 눈에는 아무 증거 안 보이고 귀에는 아무 소리 안 들리고 손에는 잡히는 것 없고 내 앞길은 칠흑 같이 어두워도 내 앞에 깃발을 날리면서 나를 이끌어 가는 주님이 계시기 때문에 우리는 여호와야훼 닛시, 우리의 깃발 되시는 하나님을 쳐다보고 따라가야 하는 것입니다. 우리 하나님을 따라가면 종국에는 낙심과 고달픔의 안개구름이 걷히고 천지가 환한 곳으로 하나님께서 우리를 이끌어 가 주십니다.

또한 깃발은 소속감을 말하는 것입니다. 모임이나 단체에서 같은 무리를 모으기 위해서 깃발을 높이 달면 그 밑으로 모일 것입니다. 우리 대한민국은 태극기에 소속되어있기 때문에 태극기 밑에 모이면 대한민국 국민이라는 소속감을 가질 수 있습니다. 마찬가지로 여호와야훼는 우리의 깃발이십니다. 우리가 하나님의 깃발을 바라보며 그 밑에 있으면 세상 모든 사람은 우리가 세상의 백성이 아니라 하늘나라에 속한 백성이라는 것을 알게 되는 것입니다. 우리는 하나님의 백성이요, 하나님이 기르시는 양이요, 왕 같은 제사장이요, 이 세상에서 옮겨 나와서 하늘나라 백성이 되고 천국 시민이 되고 하늘나라에 소속되었다는 것을 알고 여호와야훼 닛시, 우리의 깃발 되시는 하나님을 앙망하고 찬미하고 기다려야 합니다. 그럴 때, 하나님의 깃발이 우리에게 승리의 영광을 주시는 것입니다.

그렇기 때문에 우리는 낙심되거나 피곤할 때 그대로 낙심하고 피곤하고 절망적인 상황만 바라보고 울고 있을 것이 아니라, 고개를 들어 여호와야훼 닛시, 우리의 깃발 되시는 하나님을 바라봐야 할 것입니다. 우리가 여호와야훼 닛시의 이름을 외치고 기다릴 때 여러분의 가슴 속에는 하나님의 기쁜 잔칫날에 드는 영광의 깃발이 펄럭이게 될 것입니다.

여호와_{야훼} 샬롬 하나님을 앙망해야 한다

우리가 하나님 앞에 기다릴 때 여호와_{야훼} 샬롬 하나님을 앙망해야 합니다. 여호와_{야훼} 샬롬이라는 것은 하나님은 우리의 평강이 되신다는 뜻입니다. 여러분, 우리는 마음속에 평화가 없었습니다. 하나님을 대적하고 하나님께 버림을 받고 죄와 마귀의 종노릇을 하는데 마음에 평강이 있을 수가 없습니다. 성경은 말하기를 "악인에게는 평강이 없다"사 48:22라고 했습니다. 그러므로 죄 있는 사람이나 악인은 이 세상의 지위, 명예, 권세 무엇을 가져도 그 마음 깊은 곳에는 평화가 없는 것입니다. 우리가 이 세상에서 얻을 수 있는 가장 큰 행복은 마음의 평화입니다. 사람이 평안하게 잠자리에 들어가고, 평안하게 잠자리에서 일어나고, 평안한 마음으로 밥상을 맞이할 수 있다는 것은 행복의 가장 근원적인 요소가 되는 것입니다.

그런데 이 평화를 우리가 어디서 얻을 수 있습니까? 세상에서 얻는 평화는 세상의 환경이 바뀌면 순식간에 불안과 공포로 변하고 맙니다. 세상의 삶은 마치 배를 타고 바다를 건너는 것 같아서 언제 폭풍우가 일어나서 잠잠한 바다가 들끓기 시작하고 평화로운 바다가 요란스러운 바다로 변할지 모르는 것입니다.

하지만, 우리가 하나님을 체험하게 되면 하나님은 우리에게 여호와야훼 샬롬으로 오십니다. 하나님이 우리의 평강이 되시는 것입니다. 하나님께서는 예수 그리스도의 십자가를 통하여 우리의 모든 죄를 다 청산하시고 마귀의 모든 권세를 깨뜨려 버리셨습니다. 그리고 난 다음에 하나님과 우리의 관계를 회복시키고 화목하게 하셔서 우리에게 평화를 주신 것입니다.

그러므로 이제 하나님과 우리는 원수가 아닙니다. 하나님과 우리는 화목을 이루었습니다. 하나님은 우리의 친아버지가 되시고 우리는 하나님의 친 자녀가 되었습니다.

우리가 그리스도의 보배로운 피를 의지하고 두려움 없이 하나님 전에 나아가서 기도하면, 하나님은 우리에게 햇빛과 같이 따사로운 사랑을 비춰 주시고 소낙비 같은 성령의 단비를 부어 주셔서 우리 마음이 살아 일어나게 해 주시고 우리에게 평화가 넘쳐나게 해 주시는 것입니다. 그러므로 오늘날 참된 평화는 하나님께서 성령으로 우리 마음을 가득 채워 주실 때 우리의 모든 지식을 초월한 평화가 다가오는 것입니다.

머릿속에서는 여러 가지 염려와 근심이 있어도 여호와야훼 샬롬의 하나님을 바라보면 우리 마음속에는 평화가 가득 찹니다. 바다에 파도가 아무리 일어나도 10m 밑으로만 내려가면 바닷속은 조용합니다. 우리 머릿속에 아무리 큰 폭풍이 지나간다 하더라도 여호와야훼 샬롬, 우리 하나님이 우리 마음속에 깊이 계시면 우리의 마음 중심에는 평화가 가득 차게 되는 것입니다. 이러한 마음에 가득 찬 평화를 가지고 우리 머리에 다가오는 모든 염려와 근심을 다 극복하고 승리의 삶을 살아갈 수가 있는 것입니다. 우리에게 성령을 주시고 마음의 평화를 주시는 하나님을 바라봐야 하는 것입니다.

또, 하나님이 계시는 천국은 평화의 천국입니다. 우리는 지금 이 세상에서 수고하고 무거운 짐을 지고 불안과 공포에 떨며 살아왔지만, 장차 우리가 갈 저 하늘나라는 그러한 것이 없습니다. 예수님께서 갈릴리 바다의 풍파를 보시고 "고요하라 잠잠하라"막 4:39 하심으로 평안을 주신 것처럼 예수님이 임금이 되셔서 다스리는 천국은 평화로 가득 차 있는 것입니다. 거기에는 불안과 공포가 없습니다. 마음의 고통도 없습니다. 영원한 샬롬, 평화만 가득 차 있는 것입니다. 평화가 있다는 것은 그곳에 행복이 있다는 것을 의미합니다. 참 행복은 평화의 바탕 위에서 건설되는 것입니다.

여호와야훼 로이 하나님을 앙망해야 한다

우리는 여호와야훼를 앙망할 때 여호와야훼 로이 하나님을 앙망해야 합니다. 여호와야훼 로이라는 말은 하나님은 우리의 목자라는 뜻입니다. 여러분, 우리가 목자되신 하나님을 앙망할 때 우리는 이렇게 말할 수 있습니다. "하나님이여, 나는 아무것도 모릅니다. 나는 갈 길도 모릅니다. 그러나 목자가 양을 인도하듯이 하나님은 나를 인도해 주심을 믿습니다. 나는 지금 길 잃은 양과 같이 어둡고 캄캄한 밤을 지나고 있습니다. 사망의 음침한 골짜기를 지나면서 두려움에 떨고 있습니다. 나의 목자이신 하나님이시여, 나에게 오셔서 나를 인도하여 주옵소서. 목자는 양을 인도하고 목자는 양을 먹입니다. 그러므로 하나님이여, 나를 먹여 주옵소서. 나에게 일용할 양식을 주옵시고 생활의 승리를 허락하여 주옵소서"라고 말입니다.

양은 방어 무기도 없고 공격 무기도 없습니다. 양은 사나운 이빨도 없고 사나운 발톱도 없습니다. 그러므로 적이 오면 적을 방어할 힘도 없고 또 적을 공격할 힘도 없습니다. 늑대가 와서 물고 늘어지면 양은 그대로 잡아먹힙니다. 그러나 양에게는 자기를 지켜주는 목자가 있습니다. 목자는 양을 보호합니다. 어느 적보다도 강한 목자가 24시간 양을 지키고 있는 것입니다.

우리는 예수 믿는 사람으로서 안 믿는 사람처럼 흉악할 수 없습니다. 사나울 수도 없습니다. 우리는 예수 안 믿는 사람처럼 같이 물고 찢고 싸울 수도 없고 방어할 수도 없습니다. 오른뺨을 치면 왼뺨을 돌려대고, 속옷을 달라고 하면 겉옷을 주고, 오 리를 가자고 하면 십 리를 가라고 하는데마 5:39-41, 우리가 어떻게 믿지 않은 사람처럼 싸울 수 있겠습니까? 그러므로 우리는 원수 앞에서 하나님께 우리 자신을 내어 맡길 수밖에 없는 것입니다. "하나님이시여, 저는 스스로를 보호할 수 없고 다른 사람을 공격할 수도 없으니 저를 하나님께 내어 맡깁니다. 하나님의 강한 손과 편 팔로 저의 원수를 막아 주옵시고 저를 보호하여 주시옵소서."

여호와야훼 로이, 우리 목자이신 하나님은 우리를 보호하여 주십니다. 그래서 성경은 "원수 갚는 것이 내게 있으니 내가 갚으리라"히 10:30고 말씀하신 것입니다. 그러므로 주님께 모든 것을 맡겨 놓으면 주께서 우리를 보호하여 주십니다.

그리고 목자는 양을 사랑합니다. 양을 사랑하지 않으면 목자가 아닙니다. 목자는 사랑하는 양을 지키기 위해서 자기 집에서 자지 않고 양들과 함께 잠을 잡니다. 마찬가지로 주님은 오늘도 우리를 떠나지 않고 우리와 24시간을 같이 계시며 보살펴 주십니다. 그러므로 우리는 비록 캄캄한 밤을 지날지라도 여호와야훼 로이, 목자 되신 하나님이 우리와 함께 하신다는 것을 알아야 합니다. 로이 하나님을 앙망하고 감사할 때 목자이신 하나님께서 우리 손을 붙잡고 이끌어 주시는 것입니다.

여호와야훼 치드케누 하나님을 앙망해야 한다

우리가 여호와야훼를 앙망할 때 여호와야훼 치드케누 하나님을 앙망해야 합니다. 여호와야훼 치드케누라는 말은 하나님은 우리의 의가 되신다는 뜻입니다. 여러분, 하나님은 예수님의 보혈로 우리를 용서하시고 하나님의 의를 우리에게 주셨습니다. 우리는 태어날 때부터 이미 죄 중에 잉태되어 죄인으로 태어났고 이 세상에 살면서 수많은 죄를 짓고 살았기 때문에, 사람은 자기 행위로 말미암아 의롭게 될 수 없습니다. 예수님의 보혈이 아니면 아무리 의로운 행동을 해도 하나님 보시기에 우리는 냄새나는 넝마를 주워 입고 하나님 성전에 들어와 있는 것과 같습니다.

그러나 여호와야훼 치드케누이신 우리 하나님 아버지께서는 친히 예수님을 보내셔서 그에게 우리의 원죄를 다 담당하게 하시고, 크고 작은 모든 죄를 짊어지게 하셔서 십자가의 피로 영원히 사해 버리셨습니다. 예수 그리스도의 피 언약을 통해서 우리의 죄가 영원히 용서받고, 하나님이 영원한 의를 주시고 영원한 구원을 주시고 영원한 은혜를 주시고 영원한 사랑을 주시고 영원한 복을 주신 것입니다. 그렇기 때문에 우리는 예수의 보혈로 우리를 용서하신 하나님, 우리에게 의를 주신 하나님을 앙망하고 기다릴 줄 알아야 합니다.

여러분, 하나님이 우리에게 의의 옷을 입혀서 천국에 들어오게 하셨습니다. 우리 자신의 옷은 넝마와 같은 옷입니다. 넝마와 같은 우리의 옷은 벗어 던져버리고 우리 주 예수 그리스도의 십자가를 통해서 하나님이 입혀 주시는 의로운 의복을 입으면, 우리는 하나님 앞에 나갈 수가 있는 것입니다. 오직 예수님을 믿을 때 하나님이 우리의 의가 되십니다. 그러므로 우리는 하나님의 의를 힘입어야 천국에 들어갈 수 있는 것입니다. 하나님의 의를 힘입지 않고는 하나님 앞에 나설 수도 없습니다.

우리는 지은 죄로 인해 불의하고 추악하며 버림을 받아야 마땅합니다. 우리의 힘과 능력으로는 절대로 구원받을 수 없습니다. 오직 십자가에서 날 위하여 몸이 찢기고 피를 흘리셔서 죄 없는 자가 죄 있는 우리를 대신해서 일생의 모든 죄악을 다 청산해 주신 그 예수님을 통해서 아버지 하나님을 앙망할 때, 우리 아버지는 친히 우리의 이 더러운 옷을 다 벗겨 주시고 예수님의 피로 씻어 주셔서 그리스도를 통해서 만드신 하나님의 의의 의복을 입혀 주시는 것입니다.

그러므로 오늘 예수의 이름을 부르는 자는 모두 다 의로운 의복을 입고 있는 것입니다. 여호와야훼를 앙망할 때 하나님께서는 의의 의복을 입혀 주시고, 하나님을 앙망하는 자에게 주님께서 성령의 빛을 비춰 주시고 위로를 주시고 하늘나라 영광으로 이끌어 주시는 것입니다.

여호와야훼 삼마 하나님을 앙망해야 한다

우리가 하나님을 앙망할 때 여호와야훼 삼마 하나님을 앙망해야 합니다. 여호와야훼 삼마라는 것은 하나님은 그의 성전에 계신다는 뜻입니다. 여러분, 하나님은 옛날 이스라엘의 광야 성막과 솔로몬 성전에 임재하셨습니다. 그러므로 백성이 하나님을 만나려고 하면 모세와 함께 광야 성막에 가야만 했습니다. 그리고 솔로몬 성전에 와서 기도해야만 하나님께서 하늘에서 들으시고 응답하여 주셨습니다. 그러나 오늘날은 우리가 어디에 가야 하나님을 만날 수 있겠습니까?

오늘 성경은 예수 믿고 보혈로 씻긴 사람에게 "너희는 너희가 하나님의 성전인 것과 하나님의 성령이 너희 안에 계시는 것을 알지 못하느냐"고전 3:16라고 말씀하셨습니다. 이제 하나님께서는 여기도 계시지 않고 저기도 계시지 않습니다. 구만리 장천 멀리 계시지도 않습니다. 하나님께서는 바로 여러분 속에 계십니다. 하나님은 지금 우리 안에 성령으로 임재하고 계신 것입니다. 그러므로 우리는 집이나 산이나 들이나 그 어느 곳에서든지 무릎을 꿇고 기도하면 바로 그 자리가 성전이 되는 것입니다. 바로 그 자리에 하나님이 와 계신 것입니다.

하나님은 우리에게 삼마가 되십니다. 어느 곳이나 성전 된 우리 속에 하나님이 거하시고 우리와 함께 생활해 주시는 것입니다. 그러므로 하나님의 성령이 우리 안에 거하심으로 우리는 더는 고아와 같이 버림을 받지 않습니다. 우리에게 항상 하나님의 위로가 함께 계신 것입니다. 그러므로 우리가 신앙의 어둡고 캄캄한 밤을 지날 때 '나는 버림받았다'라고 생각하면 안 됩니다. 우리는 낙심하지 말아야 하는 것입니다. 왜냐하면 비록 우리의 심정은 캄캄한 밤을 지나가지만, 하나님께서 성령으로 우리 속에 와서 계시기 때문입니다. 대낮같이 비춰 주시기 때문입니다.

"내가 사망의 음침한 골짜기로 다닐지라도 해를 두려워하지 않을 것은 주께서 나와 함께 하심이라 주의 지팡이와 막대기가 나를 안위하시나이다"_시편 23:4

나는 캄캄한 밤을 지나지만, 하나님은 나와 함께 하신다고 말씀하십니다. 내가 여호와야훼 삼마 하나님을 앙망할 때 곧장 나에게 오셔서 하나님의 지팡이와 막대기로 나를 안위하시고 나를 이끌어 주시겠다고 말씀하시는 것입니다.

그러므로 여러분, 우리 하나님께서는 시간과 공간을 초월해서 어느 곳에나 계십니다. 특별히 예수 그리스도의 보혈로 씻음 받고 하나님 아버지를 모시는 사람의 마음속에 성령으로 오셔서 우리를 점령하고 계신 것입니다. 그렇기 때문에 우리는 절대로 절대로 버림받은 심정을 가져서는 안 됩니다. 하나님께서 우리를 버렸다고 생각하면 안 됩니다. 나는 아무 가치가 없는 쓸모없는 인간이라고 생각해서는 안 되는 것입니다.

우리는 모두 각자의 인생을 살아가면서 신앙의 밤을 경험하게 됩니다. 어떤 사람은 적게 또 다른 사람은 많게, 어떤 사람은 짧은 터널을 다른 사람은 긴 터널을, 어떤 사람은 짧은 밤을 어떤 사람은 긴 밤을 지나게 되는 것입니다. 하나님께서는 우리의 신앙을 시험하기 위해서, 우리의 신앙에 더 큰 깊이를 주시기 위해서 우리에게 신앙의 밤을 허락할 때가 종종 있습니다.

앞에서 이야기 했던 저에게 편지한 그 목사님이 바로 그러한 신앙의 밤을 지나고 있었습니다. 그는 편지에 구구절절이 말했습니다. "나는 쓸모없는 인간입니다. 나는 버림받았습니다. 하나님은 나를 떠나셨습니다. 내가 하나님을 불러도 이제 소용이 없습니다. 나는 무능력하고 무력한 사람입니다." 나는 그래서 그 목사님에게 편지를 썼습니다. "당신은 지금 신앙의 밤을 지나가고 있습니다. 지금 당신이 할 일은 여호와야훼를 앙망하는 것입니다. 있는 힘을 다하여 여호와야훼를 앙망하십시오. 여호와야훼께서는 당신을 절대로 버리지 않으셨습니다."

우리는 우리의 환경을 바라보지 않고 여호와야훼를 앙망할 때 새 힘을 얻게 되는 것입니다. 우리가 하나님을 앙망하면 하나님의 능력이 임하여서 신앙의 밤을 밝은 아침으로 변화 시켜 주십니다. 그때 독수리가 날개 치고 올라감 같을 것이요, 달음박질하여도 곤비치 않고 걸어가도 피곤치 않은 힘을 주셔서 새 생명을 얻어 나갈 수가 있게 되는 것입니다.

그러므로 여러분, 신앙의 밤을 지날 때 낙심하지 마십시오. 신앙의 밤을 지날 때는 하나님께 엎드려 여호와야훼를 앙망할 때인 것입니다. 여호와야훼를 앙망하십시오. 힘차게 앙망하십시오. 그리고 여호와야훼의 일곱 가지 이름을 기억하며 여호와야훼를 앙망하십시오. 여호와야훼는 그 이름을 통해서 여러분과 저에게 넘치는 은혜를 허락하여 주십니다.

기도

　사랑이 많으시고 거룩하신 우리 하나님 아버지, 여호와야훼는 우리를 위해서 예비하시는 이레가 되시고, 여호와야훼는 우리를 치료하시는 라파가 되시고, 여호와야훼는 우리의 승리의 깃발인 닛시가 되시니 감사합니다. 하나님 아버지여, 여호와야훼 샬롬이 우리 마음속에 평안을 주시고, 여호와야훼 로이이신 하나님, 우리의 목자가 되시니 감사합니다. 치드케누이신 하나님이여, 우리의 의가 되시고 삼마이신 하나님이여, 항상 우리를 떠나지 않고 같이 계심을 감사하옵나이다. 하나님께서 우리에게 이 일곱 가지 이름을 주심은 우리가 하나님을 앙망할 때마다 이 이름을 기억하고, 우리 하나님을 기다리고 하나님께 감사하고 하나님께 간구할 때, 우리 하나님의 이름에 해당하는 하나님의 능력을 우리에게 베풀어 주실 것을 가르쳐 주심에 감사드리옵나이다.

　여호와야훼 하나님이여, 우리가 크고 작은 신앙의 밤을 지날 때 우리를 붙잡아 주시옵소서. 우리의 믿음이 깊어지게 도와주시옵소서. 세상을 다 버리고 가도 하나님을 깊이 붙잡게 도와주시옵소서. 하나님만 앙망하게 도와주시옵소서. 하나님과 손을 잡고 살아나는 우리가 되게 도와주시옵소서. 그리고 밤이 변하여 낮이 되게 하시고, 무질서가 변하여 질서가 되게 하시고, 죽음이 변하여 삶이 되게 하시고, 추醜가 변하여 아름다움이 되게 하시고, 가난이 변하여 부요가 되게 하신 하나님께서 우리를 구출하여 주실 줄을 믿사옵고 예수님 이름 받들어 기도합니다. 아멘.

요약

1. 여호와야훼 이레 하나님을 앙망해야 한다

'여호와야훼 이레'는 예비하시는 하나님이라는 뜻입니다. 예수님의 십자가를 통하여 구원을 예비하셨고, 장차 우리가 가서 거해야 할 새 하늘과 새 땅과 새 예루살렘을 이미 다 예비해 놓으셨습니다. 그러므로 우리가 하나님을 앙망할 때 우리를 위해서 예비하셨고, 앞으로도 예비하실 하나님을 쳐다봐야 합니다.

2. 여호와야훼 라파 하나님을 앙망해야 한다

'여호와야훼 라파'는 우리의 병을 치료하시는 하나님이라는 뜻입니다. 우리가 오늘 병들고 고통을 당하는 것은 아담의 원죄와 마귀의 역사로 말미암아 온 것입니다. 그러나 우리 하나님께서는 예수님을 보내셔서 모든 병든 자를 고치셨고, 십자가에 달리심으로 모든 죄를 청산하셨습니다.

3. 여호와야훼 닛시 하나님을 앙망해야 한다

'여호와야훼 닛시'는 우리의 깃발이 되시는 하나님이라는 뜻입니다. 하나님은 우리의 기쁨이십니다. 우리 마음에 슬픔이 가득 차도 하나님을 앙망하고 기다리면 하나님께서 우리 가운데 잔칫상을 맞이하는 것 같은 기쁨을 허락해 주시는 것입니다. 또한, 깃발은 승리를 상징합니다. 우리가 낙심하고 패배한 심정을 가지고 있어도 여호와야훼를 앙망하면 하나님은 우리에게 승리의 깃발이 됩니다.

4. 여호와야훼 샬롬 하나님을 앙망해야 한다

'여호와야훼 샬롬'은 우리의 평강이 되시는 하나님이라는 뜻입니다. 살아가면서 우리의 가장 큰 행복은 마음의 평화입니다. 이 평화는 하나님을 앙망할 때 얻을 수 있습니다. 또한 하나님이 계시는 천국은 평화의 천국입니다. 우리는 지금 이 세상에서 수고하고 무거운 짐을 지고 불안과 공포에 떨며 살아왔지만, 장차 우리가 갈 저 하늘나라는 그런 것이 없습니다.

요약

5. 여호와야훼 로이 하나님을 앙망해야 한다

'여호와야훼 로이'는 우리의 목자가 되시는 하나님이라는 뜻입니다. 양은 스스로를 보호할 수 없지만, 목자는 양을 지킵니다. 우리는 양입니다. 스스로 아무것도 할 수 없습니다. 그러나 목자 되신 하나님을 앙망하면 하나님은 우리를 지켜 주십니다. 어느 적보다도 강한 목자가 양을 지키고 있는 것입니다.

6. 여호와야훼 치드케누 하나님을 앙망해야 한다

'여호와야훼 치드케누'는 우리의 의가 되시는 하나님이라는 뜻입니다. 우리는 스스로 구원할 수 없습니다. 십자가에서 나를 대신해 모든 죄악을 다 청산해 주신 예수님을 통해 아버지 하나님을 앙망할 때, 우리 아버지는 친히 우리의 더러운 옷을 다 벗겨 주시고 예수님의 피로 씻겨 주십니다. 그리스도를 통해서 만드신 하나님의 의의 의복을 입혀 주십니다.

7. 여호와야훼 삼마 하나님을 앙망해야 한다

'여호와야훼 삼마'는 그의 성전에 계시는 하나님이라는 뜻입니다. 하나님은 우리 안에 성령으로 임재하여 계시기 때문에 우리는 어느 곳에나 무릎을 꿇어 기도하면 그 자리가 바로 성전이 됩니다. 하나님이 우리와 함께 생활해 주시는 것입니다. 그러므로 하나님의 성령이 우리 안에 거하심으로 우리에게는 항상 하나님의 위로가 함께 합니다.

그들의 잘못을 지적하여 말씀하시되 주께서 이르시되 볼지어다 날이
이르리니 내가 이스라엘 집과 유다 집과 더불어 새 언약을 맺으리라
또 주께서 이르시기를 이 언약은 내가 그들의 열조의 손을 잡고
애굽 땅에서 인도하여 내던 날에 그들과 맺은 언약과 같지 아니하도다
그들은 내 언약 안에 머물러 있지 아니하므로
내가 그들을 돌보지 아니하였노라 또 주께서 이르시되
그 날 후에 내가 이스라엘 집과 맺을 언약은 이것이니
내 법을 그들의 생각에 두고 그들의 마음에 이것을 기록하리라
나는 그들에게 하나님이 되고 그들은 내게 백성이 되리라
또 각각 자기 나라 사람과 각각 자기 형제를 가르쳐 이르기를
주를 알라 하지 아니할 것은 그들이 작은 자로부터 큰 자까지
다 나를 앎이라 내가 그들의 불의를 긍휼히 여기고
그들의 죄를 다시 기억하지 아니하리라 하셨느니라
새 언약이라 말씀하셨으매 첫 것은 낡아지게 하신 것이니
낡아지고 쇠하는 것은 없어져 가는 것이니라

히브리서 8:8-13

보혈의 언약

1995년 2월 26일

보혈의 언약
<1995년 2월 26일>

    오늘은 여러분과 함께 '보혈의 언약'이라는 제목으로 하나님 말씀을 나누고자 합니다. 피의 언약은 원시시대의 종족들 사이에 널리 행하여지던 의식입니다. 어떤 두 부족 간에 조약을 맺을 때 각각 그 부족의 장이 나와서 칼로 팔뚝에 상처를 입히고 거기서 흐르는 피를 질그릇에 담습니다. 그렇게 담긴 양편 부족장의 피를 한 질그릇에 담고 섞은 다음, 양쪽 부족이 서로의 조약 조건을 분명히 인식한 후 피의 언약을 맺습니다. 그리고 그 피를 서로 나누어 마십니다. 여기서 끝이 아닙니다. 양쪽 부족장의 상처 입은 손에 흙을 발라 서로 문지릅니다. 이렇게 맺어 놓은 피의 언약은 우

리 인류 고대 역사를 통해서 볼 때 절대 깨지지 않는 언약이 된 것입니다. 원시시대부터 피의 언약은 결코 파괴할 수 없고 만일 그것을 파괴하면 무서운 신의 징계가 내려온다고 그들은 믿고 있었습니다.

오늘 이 시간 제가 여러분께 말씀드리고 싶은 것은, 하나님과 인류 사이에 바로 이 피의 언약이 맺어졌다는 것입니다. 구약시대에는 하나님께서 이스라엘 백성을 애굽 땅에서 인도하시고 이스라엘 백성의 대표인 모세를 시내 산으로 부르신 후 그에게 십계명을 주셨습니다 출 20: 3-17. 그리고 그 계명을 통해서 하나님은 이스라엘의 하나님이 되고 이스라엘을 축복해 주셨습니다. 이스라엘은 계명을 지킬 것을 언약하고 짐승을 잡아 피를 뿌림으로 하나님의 백성이 되었습니다.

그러므로 짐승의 피로써 언약을 맺은 것이 바로 구약시대의 언약인 것입니다. 그러나 이스라엘 백성은 하나님의 계명을 지키지 않았습니다. 일방적으로 하나님과의 언약을 전부 파기해 버리고 말았습니다. 그 결과로 하나님은 진노하셔서 언약을 파기한 그들에게 무시무시한 형벌을 내리게 된 것입니다. 왜냐하면 언약은 지킬 때는 큰 축복이 오지만, 파기할 때는 거기에 대한 무서운 형벌이 다가오게 되기 때문입니다.

그런데 지금으로부터 2천 년 전, 하나님께서는 하나님의 아들 예수 그리스도를 동정녀 마리아를 통해서 사람으로 태어나게 하셨습니다. 예수님은 완전한 하나님이 완전한 사람으로 오셨기 때문에 하나님을 대표할 수도 있고 사람을 대표할 수도 있습니다. 하나님의 아들인 예수 그리스도는 하나님을 대표하고, 인자가 되신 예수님은 사람을 대표합니다. 그래서 그리스도를 통해 피의 언약을 맺은 것입니다.

하나님은 예수님을 갈보리 산 십자가에 올라가게 하셨고, 십자가에 못 박혀 몸이 찢기고 피를 흘리게 하셨습니다. 그 피를 통해서 하나님과 사람 사이에 새로운 언약을 맺게 된 것입니다. 옛 언약은 이스라엘 백성이 지키지 아니함으로 말미암아 파기되고 말았지만, 새 언약은 예수 그리스도를 통해서 맺은 언약으로 이 언약의 조건은 누구든지 예수를 믿으면 멸망하지 않고 영생을 얻는다는 그 단순한 믿음의 조건밖에 없습니다요 3:16. 사람의 편에서는 예수를 구주로 믿고 하나님께 나아가는 것이 조건이고, 하나님의 편에서는 예수 그리스도를 믿고 나온 사람들을 끝까지 구원해 주시는 조건인 것입니다.

그러므로 신약시대에 맺은 피의 조건은 남녀노소 빈부귀천 할 것 없이 예수님을 믿기만 하면 구원을 얻는 조건이요, 하나님은 예수 그리스도를 믿는 자는 끝까지 구원하시는 조건인 것입니다. 이 얼마나 놀라운 구원의 길인지 모릅니다. 그러나 이 피의 언약을 받아들이지 아니하고 예수 그리스도를 믿지 않은 자에게는 하나님께서 무서운 심판을 내리십니다.

"그러나 두려워하는 자들과 믿지 아니하는 자들과 흉악한 자들과 살인자들과 음행하는 자들과 점술가들과 우상 숭배자들과 거짓말하는 모든 자들은 불과 유황으로 타는 못에 던져지리니 이것이 둘째 사망이라"
_요한계시록 21:8

예수 그리스도를 믿지 않는 사람들은 하나님이 주시는 피의 언약을 거부하는 사람들입니다. 그렇기 때문에 하나님의 심판이 그들에게 내리는 것입니다. 그러나 예수 그리스도를 믿음으로 피의 언약을 지키는 사람들에게는 하나님께서 약속하신 대로 끝까지 구원하고 주님의 영광을 주시는 것입니다.

여러분, 피의 언약을 받아들이지 아니하고 거부한 자에게는 하나님께서 무서운 심판을 내리십니다. 그렇기 때문에 오늘날 우리가 예수 그리스도를 믿고 구원을 얻는다는 것은 바로 이 피의 언약에 기반한 것입니다. 하나님께서는 이 피의 언약을 통해서 우리에게 놀라운 은총을 베풀어 주신 것입니다.

예수의 보혈은 우리를 율법에서 벗어나게 함

예수 그리스도를 통한 피의 언약으로 우리를 율법 아래서 벗어나게 해 주셨습니다. 구약시대 사람들은 짐승의 피로써 언약을 맺고 그 언약의 조건으로 율법을 지켜야 했는데 율법을 온전히 지킨 사람이 한 사람도 없었습니다. 하나님께서 인간에게 요구하는 의로움은 바로 그 율법을 지킴으로 말미암아 달성될 수 있다고 하셨는데 말입니다.

하나님은 인간의 힘으로 구원받을 수 있는 조건으로 율법을 주셨습니다. 그러나 타락한 인간은 육체가 약하기 때문에 하나님의 거룩한 율법을 받고도 그 율법대로 살아갈 도리가 없습니다. 인간의 육체는 하나님의 율법을 시행하기에는 너무나 죄가 많고 너무나 허약하고 너무나 연약하기 때문에 하나님의 율법을 다 파기해 버리고 마는 것입니다. 그러므로 모든 사람이 죄를 범하였습니다. 그 결과 하나님의 영광에 이르지 못하였습니다롬 3:23. 천하 사람에게 구원받을 만한 그러한 자격을 갖춘 사람은 아무도 없습니다행 4:12. 그래서 인간은 모두 다 율법으로 말미암아 정죄되고 멸망을 받을 수밖에 없습니다.

그런데 2천 년 전에 우리 주 예수님께서 오셔서 우리를 대신하여 십자가를 짊어지심으로, 율법 아래에서 지은 우리의 모든 죄를 다 청산해 버리고 말았습니다. 그러므로 그리스도 예수 안에서 율법 아래에서 저질러진 모든 흉악하고 더럽고 추악한 죄가 창세로부터 시작해서 마지막 인류 종말, 예수님이 강림하실 그때까지의 모든 죄가 다 청산되고 만 것입니다. 하나님의 아들인 예수 그리스도가 율법 아래에서 태어나서서 율법 아래에서 지은 모든 인류의 죄를 다 책임지고 십자가에 올라가서 형벌을 받으셨습니다.

예수 그리스도는 몸이 찢기고 피를 흘렸습니다. 그래서 성경은 "그가 찔림은 우리의 허물 때문이요 그가 상함은 우리의 죄악 때문이라 그가 징계를 받으므로 우리는 평화를 누리고 그가 채찍에 맞으므로 우리는 나음을 받았도다 우리는 다 양 같아서 그릇 행하여 각기 제 길로 갔거늘 여호와야훼께서는 우리 모두의 죄악을 그에게 담당시키셨도다"사 53:5-6라고 말씀한 것입니다.

그러므로 예수 그리스도는 율법을 책임지고 율법 아래에서 지은 모든 인류의 죄를 전부 담당하시고 다 청산함으로 말미암아 율법을 완성하고 율법을 폐해 버렸습니다. 예수 그리스도의 피의 언약을 통해서 이제 예수를 믿는 자마다 남녀노소 빈부귀천 할 것 없이 율법 아래에서 벗어나게 된 것입니다. 더는 율법의 지배 아래에 있지 않게 되었습니다. 이제는 오직 예수 그리스도를 믿음으로 구원을 얻는 것이지, 율법을 행하므로 말미암아 구원을 얻지 않습니다.

율법은 참으로 거룩하고 신령하고 좋은 것입니다. 율법은 죄를 잡는 하나님의 엄한 계명입니다. 그러나 인간의 육체가 너무 약하기 때문에 율법을 감당하지 못합니다. 짊어지질 못합니다. 지키지 못합니다. 왜냐하면 율법 아래에서 의인으로 드러날 사람이 한 사람도 없기 때문입니다. 천하에 율법으로 말미암아 의롭게 될 사람은 예수 그리스도 이외에는 아무도 없습니다. 예수님만이 온전히 율법을 지켰습니다. 새로운 언약은 우리로 하여금 율법을 지킴으로 의롭다 함을 얻는 것이 아니라, 예수 그리스도의 피를 통해서 예수 그리스도를 믿음으로 말미암아 의롭다 함을 얻게 만들어 주는 것입니다.

여러분, 구약시대의 인간은 율법을 지킴으로 의롭다 함을 얻도록 언약을 맺었지만 다 파기했습니다. 하지만 신약시대에 그리스도의 피를 통해 맺은 새로운 언약은 이제 예수 그리스도를 믿기만 하면 용서받고 의롭다 함을 얻게 되는 것입니다.

그러면 예수님을 믿고 이제 의롭게 되고 구원받았으니 율법은 다 필요 없는 것일까요? 그렇지 않습니다. 우리는 구약시대의 율법 그 지배 아래에서 나왔습니다. 율법의 심판 아래에서 벗어났습니다. 하지만 율법은 오늘날 우리에게 좋은 돕는 배필이 됩니다. 그 것은 하나님이 이러한 성품을 가지셨다는 것을 보여 줌으로 말미암아 우리가 구원을 받았지만, 율법을 지키는 삶으로 말미암아 더 거룩해지고 또 하나님의 사랑을 받고 하나님과 깊이 교제할 수 있게 하는 것입니다. 우리는 구약시대의 율법 아래에서 벗어났기 때문에 율법으로 말미암아 구원받는 것이 아닌, 예수 그리스도를 믿음으로 말미암아 의롭게 되어서 구원받습니다. 그렇지만 율법은 우리에게 하나님 앞에 더 가까이 갈 수 있는 길을 안내하는 좋은 안내자가 되는 것입니다.

예수의 보혈은 우리를 정죄에서 벗어나게 만듦

예수 그리스도의 피의 언약은 우리를 정죄에서 벗어나게 만들어 줍니다. 여러분, 하나님께서 우리에게 요구하시는 의는 어떤 것인지 압니까? 하나님이 율법 아래에서 우리에게 요구하는 의로움은 우리 한 사람 한 사람이 어머니 배 속에서 떨어지고 난 다음부터 마지막 무덤에 들어갈 때까지 일생에 죄를 한 번도 안 짓는 것입니다. 무릇 죄를 한 번만 지으면 지금까지 아무리 의롭게 살아왔다 하더라도 소용이 없습니다. 하나님이 행위로 요구하시는 것은 일생에 죄를 한 번도 안 짓는 것입니다. 이건 정말 도저히 인간의 힘으로는 불가능합니다.

90세에 세상을 떠날 사람이 평생을 죄 한 번도 안 짓고 살다가 90세 생일 하루 전에 거짓말을 한마디 했다면 그 사람은 죄인입니다. 지금까지 의롭게 살아온 모든 것이 다 소용이 없습니다. 그렇기 때문에 인간의 힘으로 절대로 의롭게 되지 못한다는 것을 여기에서 분명히 보여 주고 있는 것입니다. 모든 사람이 다 죄를 지었습니다. 그러므로 하나님의 의에 이르지 못합니다롬 3:23. 여러분, 하나님이 요구하는 의는 우리 인간으로서는 감당하지 못합니다. 일생에 한 번도 죄를 짓지 않아야 하는데 어느 누가 그것을 감당할 수 있겠습니까?

또한, 하나님의 의가 요구하는 또 다른 의는 우리가 하나님 앞에 서게 될 때, 하늘을 쳐다보고 땅을 내려다보아도 양심에 부끄러움이 하나도 없는 상태, 바로 그것이 하나님이 요구하시는 의입니다. 또, 그뿐만 아니라 하나님이 말씀하시는 의인은 사탄이 아무리 지적하려고 해도 일생을 통틀어 하나도 지적할 것이 없어 사탄이 그냥 물러갈 수밖에 없는 완전한 자격을 구비한 자가 바로 의인인 것입니다. 그런데 우리는 모두 다 죄를 범했기 때문에 양심의 죄책으로 꽉 들어차 있습니다.

여러분, 지금 이 시간 우리 앞에 커다란 스크린이 있고 모든 불이 꺼진 상태에서 우리 한 사람 한 사람이 지은 죄를 하나님께서 백일천하에 드러나게 비추신다면 어떻게 하겠습니까? 스크린의 영상이 다 끝나고 난 다음 불이 켜지면 이 교회에서 앉아 있을 사람은 아무도 없을 것입니다. 다 도망치고 말 것입니다.

성경에 보면, 간음하다 현장에서 잡힌 여자를 성전 뜰에 끌고 가서 예수님 발 앞에 던진 율법의 제자들이 있습니다. 바리새인, 사두개인, 율법사들이 손에 돌을 들고 예수님께 말하기를 "이 여자가 현장에서 간음하다가 잡혔습니다. 모세의 율법에는 이런 자는 돌로 쳐 죽이라고 했는데, 당신은 어떻게 말하겠습니까?"라고 물었습니다. 그때 예수님께서 그 사람들을 둘러보시며 말씀하셨습니다.

"너희 중에 죄 없는 자가 먼저 돌로 치라"_요한복음 8:7

이렇게 죄 없는 자가 먼저 돌로 치라고 말씀하신 후 손가락으로 바닥에 글을 쓰셨습니다. 사람들은 예수님께서 손가락으로 쓰신 것을 보았습니다. 기록되는 글 속에는 큰 자로부터 작은 자까지 남몰래 지은 모든 죄악이 공개적으로 써 내려가고 있습니다. 한참 후에 예수님이 고개를 드시니까 큰 자로부터 작은 자까지 다 도망을 치고 말았습니다. 남은 쉽게 비난하고 비평하고 공격했던 사람들이 자기의 죄는 언제나 감추는 것입니다.

사람은 두 개의 큰 보따리를 목에 걸고 다닙니다. 남의 죄를 담은 보따리는 목 앞으로 걸고 다니고, 자기 죄를 담은 보따리는 목 뒤로 걸고 다닙니다. 남의 죄 보따리 속에 있는 죄는 늘 들여다보면서 자기 등 뒤에 있는 자기 죄 보따리는 보지 않는 것입니다. 그러므로 사람들이 하나님의 영광 앞에 서게 되면 그 마음속 양심의 가책과 정죄는 말로 다 할 수 없습니다. 그렇기 때문에 최후의 심판 날에 하나님이 지옥에 보내는 것이 아니라 사람들이 자기 스스로 지옥에 갑니다. 하나님을 믿지 않는 사람들이 자기의 죄책이

다 드러나므로 말미암아 부끄러워서 얼굴을 들 수가 없기 때문인 것입니다.

오늘 이 시간 여러분 중에 우리 교회 안에 벌거벗고 나와서 예배를 드리는 사람이 있겠습니까? 정신이 미친 사람이 아니고 온전한 사람 같으면 실오라기 하나 걸치지 않은 벌거벗은 몸으로는 부끄러워서 절대로 예배 못 나옵니다. 하물며 하나님 앞에 죄로 말미암아 벌거벗은 사람들이 어떻게 하나님 나라에 들어옵니까? 스스로 지옥을 택해서 내려가게 되는 것입니다.

우리 주 예수님께서는 당신이 흘리신 십자가의 보혈로 말미암아 모든 죄를 다 씻어주셨기 때문에 예수 그리스도로 말미암아 의로운 옷을 우리에게 입혀 주십니다. 그러므로 우리는 예수 그리스도의 새로운 피의 언약을 통해서 그 보혈로 말미암아 모든 죄책이 다 씻어지고 모든 정죄 의식이 다 없어지는 것입니다. 우리는 예수 그리스도의 피의 언약을 의지하고 그리스도의 피를 통해서 하나님 앞에 서게 되기 때문에 일생에 죄를 한 번도 안 지은 것처럼 취급받고, 마음에 정죄 의식이 조금도 없으며, 마귀가 와서 아무리 우리를 공격하려 해도 공격할 수 없습니다. "내가 그것을 다 갚아 버렸다"라고 예수님의 피가 말합니다.

그러므로 그리스도의 피의 언약을 의지해서 나아가는 사람은 영원히 그 믿음으로 말미암아 의롭다 함을 얻게 되는 것입니다.

예수의 보혈은 종교의식에서의 해방과 자유를 줌

우리가 예수 그리스도의 피의 언약을 통해서 나아가면 모든 종교의식에서 해방과 자유를 얻습니다. 여러분, 구약시대에는 방대한 종교의식을 집행했습니다. 그들이 매일, 매년 집행해야 할 종교의식은 엄청납니다. 그중에 한 가지 예를 들어보면 레위기 14장 1절로 19절인데, 그 종교의식은 참으로 재밌습니다. 그 의식은 나병 환자가 정결하게 되는 종교의식입니다. 나병이란 우리의 죄를 상징하기 때문에 특별히 이 의식에 대해 자세히 설명하겠습니다.

나병 환자가 정결함을 받기 원하면 산새 두 마리를 취하여 제사장에게 가져갑니다. 그러면 제사장이 정결함 받기를 원하는 나병 환자를 데리고 흐르는 물가로 가서 질그릇 속에 산새 한 마리를 잡아 피를 거기에 뿌립니다. 그러고는 그 피를 정결함 받을 나병 환자에게 일곱 번 뿌립니다. 그다음에는 백향목과 홍색 실과 우슬초에 그 피를 찍어 정결함 받을 사람에게 일곱 번 뿌리고 남아있는 한 마리의 새에게도 피를 뿌린 후 새를 하늘로 날려 보냅니다. 그리고 난 다음 정결함 받을 나병 환자는 온몸에 털을 다 밀고 옷을 빨고 목욕하면 정결케 되는 것입니다.

"여호와야훼께서 모세에게 말씀하여 이르시되 나병 환자가 정결하게 되는 날의 규례는 이러하니 곧 그 사람을 제사장에게로 데려갈 것이요 제사장은 진영에서 나가 진찰할지니 그 환자에게 있던 나병 환부가 나았으면 제사장은 그 정결함을 받을 자를 위하여 명령하여 살아 있는 정결한 새 두 마리와 백향목과 홍색 실과 우슬초를 가져오게 하고 제사장은 또 명령하여 그 새 하나는 흐르는 물 위 질그릇 안에서 잡게 하고 다른 새는 산 채로 가져다가 백향목과 홍색 실과 우슬초와 함께 가져다가 흐르는 물 위에서 잡은 새의 피를 찍어 나병에서 정결함을 받을 자에게 일곱 번 뿌려 정하다 하고 그 살아 있는 새는 들에 놓을지며 정결함을 받는 자는 그의 옷을 빨고 모든 털을 밀고 물로 몸을 씻을 것이라 그리하면 정하리니"_레위기 14:1-8

이것은 예수 그리스도의 놀라운 공헌을 상징하는 것입니다. 두 마리 새를 가지고 와서 한 마리는 질그릇 속에, 또 한 마리는 흐르는 물 위에 잡았다는 것은 흐르는 물은 흘러가는 세상을 말하는 것이고 질그릇은 인간의 육체를 말하는 것입니다. 질그릇 같은 인간의 육체를 입고 오신 예수님의 십자가 죽음을 상연해 주는 것입니다. 새는 공중에서 오지 않습니까? 하늘에서 오신 예수님이 질그릇과 같은 육체를 입고 그 속에서 죽어 피를 흘리십니다. 이것을 나병 환자와 같은 죄인인 우리에게 완전하게 일곱 번 뿌리는 것입니다. 숫자 7은 완전 수입니다. 예수님의 보혈로 말미암아 우리가 완전히 구원받는 것을 말하는 것입니다.

그리고 다른 한 마리 새는 피를 묻힌 채로 공중에 날려 버립니다. 이것은 예수님께서 죽었으나 부활해서 다시 승천한 것을 의미합니다. 이 얼마나 놀라운 상징입니까? 두 마리의 새 중 한 마리는 흐르는 물 위 질그릇 위에서 잡아 피를 흘려서 나병 환자에게 일곱 번 뿌려 정하게 하고 다른 한 마리는 그 피가 묻은 채로 하늘로 날려 버립니다. 예수님이 부활해서 승천하신 것입니다. 그래서 이 나병 환자가 정결해지는 것입니다.

우리 예수 믿는 사람들은 옛날에는 전부 나병 환자였습니다. 나병은 영적인 죄를 말하는 것입니다. 죄는 바로 우리 영혼을 파먹는 나병입니다. 이 나병 환자가 오늘날 구원받을 수 있는 유일한 길은 흐르는 물인 흘러가는 세상 속에서 질그릇을 입고 우리에게 오신 예수 그리스도께 나아가서 그리스도가 십자가에 못 박혀 흘리신 그 피를 받아들이는 도리밖에 없습니다. 그 피가 우리에게 일곱 번 뿌려지면 우리는 나병에서 완전히 고침을 받습니다. 죄악의 나병에서 완전히 놓임을 받습니다. 또한 예수님은 또 한 마리 새로서 하늘로 올라가셨습니다. 지금도 하나님의 보좌 우편에서 우리를 위해 기도하고 계십니다. 그리고 주님께서는 때가 되면 그 보좌에서 우리를 데리러 내려오시는 것입니다.

여러분, 이러한 의식을 통해 우리는 봐야 할 것이 있습니다. 구약시대의 모든 의식은 신약시대의 우리 주 예수 그리스도를 상징합니다. 그리스도께서 이 땅에 오셔서 우리를 위하여 십자가에서 대속 제물이 되시고 난 다음에 부활해서 승천할 것을 구약시대 의식의 모양을 통해서, 여러 가지 형식을 통해서 우리에게 보여 주고 있는 것입니다.

만일 우리가 구약시대의 모든 의식을 다 집행해야 한다면 정신이 아득할 것입니다. 그러나 예수 그리스도께서 십자가에서 "다 이루었다"요 19:30라고 하셨을 때, 그리스도를 통해서 구약시대의 의식이 다 이루어졌습니다. 그러므로 예수 그리스도의 새로운 언약의 피를 통해서 이제 우리는 예수 그리스도를 믿기만 하면 되는 것이고, 구약시대의 그 모든 복잡다단한 의식을 집행할 필요가 없습니다. 구약시대의 의식들은 다 그림자요, 몸은 예수님입니다. 몸이 왔기 때문에 그림자 속에서 살 필요가 없습니다. 그 몸인 예수 그리스도를 믿음으로 말미암아 우리는 모든 종교의식에서 자유와 해방을 얻게 된 것입니다.

예수의 보혈은 마귀의 정사와 권세에서 완전히 벗어나게 함

우리는 이제 마귀의 정사와 권세에서 완전히 벗어나게 된 것입니다. 예수님이 십자가에 못 박혀 피를 흘리심으로 말미암아 우리의 죄를 다 청산하시고, 우리 마음의 정죄 의식을 다 정결하게 하셨다고 했습니다.

마귀가 사람을 붙잡고 있는 유일한 밧줄이 인간의 죄입니다. 인간의 죄로 말미암아 하나님께 버림을 받아서 쫓겨났기 때문에 깡패 대장 같은 마귀가 우리를 붙잡아서 우리를 묶고 도적질하고 죽이고 멸망시키는 일을 했습니다. 그러나 예수 그리스도의 피를 믿음으로 말미암아 죄에서 완전히 용서를 받고 죄책감에서 씻음을 받고 나니까 마귀의 끄나풀이 사라져 버렸습니다. 그러므로 마귀는 더는 예수를 믿는 사람들을 묶어서 구속하고 정죄하며 끌고 갈 끄나풀이 없어지게 되었습니다. 마귀의 모든 정죄에서 우리는 자유를 얻게 된 것입니다.

또 마귀는 예수 그리스도를 불법으로 십자가에 못 박았습니다. 예수님은 하나님의 아들이요, 이 세상에 속하지 않았습니다. 세상 아버지를 통해서 태어나지 않고 성령으로 태어나셨습니다. 그러므로 예수님은 하늘나라 사람입니다. 그러나 우리 인간은 다 땅에 속한 사람입니다. 땅에 속한 사람은 마귀의 지배 아래에 있지만, 하늘에 속한 사람은 마귀의 지배 아래에 있지 않습니다. 그런데 마귀가 자기 지배 아래에 있지도 않은 예수 그리스도를 로마 사람과 유대인을 동원해 잡아서 십자가에 못 박아 죽였으니 이 얼마나 중대한 범죄를 지은 것입니까?

그래서 하나님께서는 보좌에서 일어나서 마귀를 심판하셨습니다. 그리스도의 십자가 죽음은 바로 마귀의 파멸을 의미하는 것입니다. 마귀는 예수 그리스도를 십자가에 못 박은 죄로 말미암아 그의 모든 정사를 빼앗기고 모든 권세를 빼앗기고 완전히 무장해제가 되어 버리고 만 것입니다.

오늘날 마귀가 공중의 권세를 잡고 있지만, 이것은 이제 게릴라로서 남아있는 것입니다. 마귀는 정사와 권세를 빼앗기고 무장해제는 되었지만 쫓겨나지는 않았습니다. 아직 공중의 권세를 잡고 있고 도둑질하고 죽이고 멸망시키는 일을 하고 있지만, 진리를 깨달은 그리스도인들에게 마귀는 이제 겁나는 상대가 아닙니다.

예수 그리스도의 보혈 언약으로 말미암아 마귀의 모든 정사와 권세가 빼앗기고 무장해제 되어 버리고 말았습니다. 그럼 이런 질문을 합니다. "그렇다면 왜 요사이에도 21일 동안 다니엘 기도를 합니까?" 여러분, 구약시대 마귀의 정사와 권세를 완전히 빼앗기기 전에 마귀는 공중에 번성하고 있어서 다니엘이 21일 동안 기도함으로 그 마귀의 진을 꿰뚫었습니다. 그러나 오늘날 우리는 그보다 훨씬 쉽게 마귀를 정복할 수 있습니다. 마귀는 지금도 우리를 대적하고 저항하지만, 이제는 정사와 권세를 빼앗기고 무장이 해제되었기에 우리가 기도하고 믿음으로 강하게 밀고 나가면 마귀는 무너지게 되어있습니다.

하지만 마귀는 여전히 필사적으로 저항을 합니다. 그렇기 때문에 21일 다니엘 기도를 안 해도 우리는 마귀를 깨뜨릴 수 있지만, 율법 아래에서 다니엘이 기도로 마귀를 깨뜨리는 데 21일 걸렸으니 은혜 아래에 있는 우리가 조금만 더 노력하면 마귀를 확실히 정복할 수 있는 것입니다. 그래서 우리는 21일 다니엘 기도를 하는 것입니다. 21일 다니엘 기도를 신약시대에 하면 틀림없이 마귀를 무너뜨리고 승리할 수 있다는 확실한 보장이 있기 때문에 21일 다니엘 기도를 하는 것입니다.

그러므로 예수 그리스도의 피의 언약을 통해서 이제 우리는 예수 그리스도를 믿음으로 말미암아 하나님 앞에 담대히 나갈 수 있는 것입니다. 하나님은 절대로 피의 언약을 깨뜨리지 않습니다. 이제 우리가 피의 언약을 지켜서 믿음으로 나가면 하나님은 피의 언약을 통해서 우리를 끝까지 구원해 주십니다. 그 피의 언약을 통해서 나아갈 때 우리는 율법에서 해방되고 정죄에서 정결함을 받아 마음속에 의로움을 얻게 됩니다.

또, 모든 종교의식에서 자유를 얻고 마귀의 정사와 권세를 부숴 버리고 참된 자유와 해방을 얻어 우리의 영혼이 잘됨 같이 범사에 잘되며 강건하고 생명을 얻되 넘치게 얻는 놀라운 신앙생활을 하게 되는 것입니다. 하나님은 예수 그리스도의 피를 통해서 우리와 언약을 맺고 계십니다.

기도

　전능하시고 거룩하신 하나님 우리 아버지여, 우리 주 예수 그리스도를 통해서, 그 십자가에서 흘리신 피를 통해서 하나님과 우리 사람 사이에 언약을 맺어 주신 것을 감사합니다. 구약시대의 이스라엘 백성은 시내 산에서 받은 십계명을 가지고 하나님과 함께 언약을 맺었으나 그 짐승의 피로 맺은 언약은 그들이 다 깨뜨리고 버림받고 말았습니다. 그 언약은 철폐되고 하나님이 예수 그리스도를 통해서 새로운 믿음으로 구원받은 언약을 세우시고, 그 언약의 피가 지금 하나님의 지성소 보좌, 법궤 위, 속죄소 위에 뿌려져 있는 것을 감사합니다. 하나님은 그 언약의 피를 항상 보고 계십니다. 이 언약의 피를 통해서 우리는 하나님 앞에 나와서 무조건 믿음으로 구원을 얻고, 율법에서의 자유를 얻고 정죄에서 해방을 얻고 모든 율법 의식에서 자유를 얻고, 마귀의 정사와 권세를 벗어버리고 마귀의 무장을 완전히 해제해 버리고 마귀에 대해서 영원한 승리를 가져다 주신 것을 감사합니다. 아버지, 믿음을 가지고 참 자유와 참 해방과 큰 기쁨으로 그리스도 예수로 말미암아 그 피로 인하여 하나님과 교통하고 하나님 앞에 살게 하여 주옵소서. 우리 주 예수 그리스도의 이름으로 축복하고 기도합니다. 아멘.

요약

1. 예수의 보혈은 우리를 율법에서 벗어나게 함

　예수 그리스도는 율법을 책임지고 율법 아래에서 지은 모든 인류의 죄를 전부 담당하시고, 다 청산하심으로 말미암아 율법을 완성하고 폐해 버렸습니다. 그러므로 예수 그리스도의 피의 언약을 통해서 이제 예수를 믿는 자마다 남녀노소 빈부귀천 할 것 없이 율법 아래에서 벗어나게 되었습니다. 그리고 이제는 율법의 지배 아래에 있지 않게 되었습니다. 이제는 오직 예수 그리스도를 믿음으로 말미암아 구원을 얻게 된 것입니다.

2. 예수의 보혈은 우리를 정죄에서 벗어나게 만듦

　우리는 예수 그리스도의 새로운 피의 언약을 통해서, 그 보혈로 말미암아 모든 죄책감이 다 씻어지고 모든 정죄 의식이 다 없어지게 됩니다. 예수 그리스도의 피의 언약을 의지할 때, 예수 그리스도의 피를 통해 하나님 앞에 서게 될 때 우리는 일생에 죄를 한 번도 안 지은 것처럼 취급받고 마음에 정죄 의식이 없어지게 됩니다. 마귀가 와서 우리를 공격하려 해도 공격할 수 없게 됩니다.

3. 예수의 보혈은 종교의식에서의 해방과 자유를 줌

그리스도께서 이 땅에 오셔서 우리를 위하여 십자가에서 대속제물이 되시고 부활하시고 승천할 것을 우리는 구약시대의 의식을 통해서 알 수 있어야 합니다. 구약시대 의식의 모양을 통해서, 여러 가지 형식을 통해서 예수님의 피가 우리의 죄를 대속하셨다는 것을 알아야 합니다. 예수 그리스도께서 십자가에서 "다 이루었다"라고 하셨을 때, 그리스도를 통해서 구약시대의 의식이 다 이루어졌습니다.

4. 예수의 보혈은 마귀의 정사와 권세에서 완전히 벗어나게 함

마귀가 사람을 붙잡고 있는 유일한 밧줄이 인간의 죄입니다. 인간의 죄로 말미암아 하나님께 버림을 받아서 쫓겨났기 때문에 깡패 대장 같은 마귀가 우리를 붙잡아서 우리를 묶고 도적질하고 죽이고 멸망시킬 일을 했습니다. 그러나 예수 그리스도의 피를 믿음으로 말미암아 죄에서 완전히 용서를 받고 죄책감에서 씻음을 받고 나니 마귀의 끄나풀이 사라져 버렸습니다. 죄의 끄나풀이 사라져 버렸습니다.

야곱아 어찌하여 네가 말하며 이스라엘아 네가 이르기를
내 길은 여호와야훼께 숨겨졌으며
내 송사는 내 하나님에게서 벗어난다 하느냐
너는 알지 못하였느냐 듣지 못하였느냐
영원하신 하나님 여호와야훼, 땅 끝까지 창조하신 이는
피곤하지 않으시며 곤비하지 않으시며 명철이 한이 없으시며
피곤한 자에게는 능력을 주시며 무능한 자에게는 힘을 더하시나니
소년이라도 피곤하며 곤비하며 장정이라도 넘어지며 쓰러지되
오직 여호와야훼를 앙망하는 자는 새 힘을 얻으리니
독수리가 날개치며 올라감 같을 것이요
달음박질하여도 곤비하지 아니하겠고
걸어가도 피곤하지 아니하리로다

이사야 40:27-31

스트레스를 즐기며 살자

1997년 2월 9일

스트레스를 즐기며 살자
<1997년 2월 9일>

오늘 저는 여러분과 함께 '스트레스를 즐기며 살자'라는 제목으로 말씀을 나누려고 합니다. 오늘날 사람들이 겪는 가장 큰 문제는 삶의 스트레스입니다. 40대면 한창 일할 나이에, 또 인생을 즐기며 살 나이에 급사하는 일이 얼마나 많이 생겨나고 있는지 알 수가 없습니다. 갑자기 사무실에서, 노동 현장에서 팔팔한 젊은 사람들이 급사를 합니다. 그들은 다른 이유가 아닌, 격렬한 생존 경쟁 속에서 당하는 스트레스를 견디다 못해 결국 그렇게 쓰러지는 것입니다.

또, 오늘날 수많은 사람이 여러 가지 정신적인 고통에 허덕입니다. 이것 역시 넘쳐나는 스트레스를 견디지 못하여 크고 작은 심신의 장애로 고생을 하는 것입니다. 의사들은 우리가 앓는 질병의 70% 이상이 모두 스트레스 때문에 생겨난 것이라고 말합니다. 스트레스로 인해 가정이 파괴되고 젊은이들은 스트레스를 견디지 못하고 그만 범죄에 몸을 던져 자기 일생을 망치는 경우도 많이 있습니다.

성경에는 "소년이라도 피곤하며 곤비하며 장정이라도 넘어지며 쓰러지되"사 40:30라고 기록하고 있습니다. 이 말씀은 오늘날 우리의 시대를 잘 묘사한 것이 아니겠습니까? 옛날 농경 생활을 하며 자연에 묻혀 자연과 더불어 시간에 쫓기지 않고 살 때와 지금은 너무나 대조적인 것입니다. 그렇다고 해서 그런 과거의 생활로 되돌아갈 수도 없습니다. 결국 우리는 오늘날의 생활 형태대로 죽기 아니면 살기로 생존 경쟁을 하는 초긴장 속에 살아가야만 합니다. 이와 같은 생존 경쟁은 전 세계적으로 모든 사람에게 이루어지고 쌓이는 스트레스인 것입니다.

그러면 이같은 생존 경쟁 속에서도 우리가 마음에 여유를 가지고 스트레스를 삼켜 버리며 기쁘고 평안하게 살아갈 수 있는 길이 없을까요? 하나님은 그 길을 우리에게 밝히 보여 주시고 있습니다.

하나님을 바로 알아야 함

여러분이 스트레스를 이기고 오히려 그 스트레스 가운데서 즐겁게 살기 위해서는 하나님을 바로 알아야 합니다. 하나님을 알지 못하고서는 우리가 스트레스에서 절대로 해방될 수가 없습니다. 인간적인 힘으로 스트레스에서 해방되겠다고 술을 먹다가 알코올 중독자가 되고, 마약에 의지하다가 일생을 망치는 사람들이 얼마나 많습니까? 세상에 인간적인 쾌락을 통해서 일시적으로 스트레스를 모면해 보려고 하는 사람은 결국 자기 파멸의 길을 걷게 되는 것입니다. 그러므로 우리는 하나님을 바로 알고 하나님에 의해서 스트레스를 풀어야만 합니다.

많은 사람이 하나님은 우리 생활에 무관심하다고 오해하고 있습니다. 그러나 이사야서 40장 27절은 "야곱아 어찌하여 네가 말하며 이스라엘아 네가 이르기를 내 길은 여호와야훼께 숨겨졌으며 내 송사는 내 하나님에게서 벗어난다 하느냐"라고 말씀합니다. 사람들은 하나님께서 너무나 높은 곳에 계시기 때문에 낮고 천한 우리에 관해서는 아무런 관심을 기울이지 않는다고 생각하는 것입니다. "하나님이 내 사정을 알 턱이 있느냐?"라고 말하는 것입니다. 하지만 성경은 그렇게 말씀하고 있지 않습니다. 우리 하나님은 우리의 머리털 숫자까지도 다 세고 계신다고 말씀을 하고 있습니다.

"너희에게는 머리털까지 다 세신 바 되었나니"_마태복음 10:30

우리의 머리털은 아침에 머리를 빗을 때마다 한두 개씩 뽑혀 나가는데 그 숫자를 매일 같이 하나님께서 플러스와 마이너스를 하신다는 것입니다. 하나님께서는 이렇게 우리의 머리카락까지 세고 계실 정도이니까 우리의 사정을 모르신다고 절대로 말할 수 없습니다. 하나님께서 내 원통함을 알아주시지 않는다고 생각할 때도 성경은 "성령이 말할 수 없는 탄식으로 우리를 위하여 친히 간구하시느니라"롬 8:26고 말씀합니다. 하나님의 성령이 탄식할 일이 뭐가 있습니까? 그런데도 불구하고 성령이 말할 수 없는 탄식으로 기도하는 것은 다름이 아닌 우리 마음에 고통과 괴로움이 있기 때문입니다. 이것을 풀어 주기 위해서 하나님의 성령이 그렇게 탄식하시는 것입니다.

여러분, 사람들은 하나님이 우리의 생활에 무관심하고 우리를 돌보지 않는다고 말하는데, 거기에 대한 성령님의 즉각적인 대답이 있습니다. 그것은 사람들이 하나님에 대한 지식이나 견문이 부족했기 때문에 그렇다는 것입니다.

"내 백성이 지식이 없으므로 망하는도다 네가 지식을 버렸으니 나도 너를 버려 내 제사장이 되지 못하게 할 것이요 네가 네 하나님의 율법을 잊었으니 나도 네 자녀들을 잊어버리리라" _호세아 4:6

사람들이 하나님께서 역사하시는 것을 알지 못하는 것에서 생겨난 오해라고 말씀하는 것입니다. 여러분, 하나님의 실상과 자격을 성령은 "하나님은 영원하신 여호와야훼이시다"사 40:28라고 말씀합니다. 그러므로 하나님께서는 알파요 오메가 되시고 처음과 나중이 되시고 시작과 끝이 되십니다계 22:13. 세상을 오래 살고 연륜이 있는 사람들도 그동안의 인생 경험으로 세상만사世上萬事를 알지 않습니까?

여러분, 백발이 되신 분은 육체적인 힘은 없어도 인생의 경험을 통해서 많은 삶의 지혜를 가지고 있습니다. 젊은 사람은 경솔하게 행할 때가 많지만, 나이가 들면 지혜를 얻게 되어 모든 것을 신중하게 생각하고 지혜롭게 하지 않습니까? 하나님은 나이가 많으신 분이 아니라 영원하신 하나님입니다. 시작의 하나님이요, 끝의 하나님입니다. 그렇기 때문에 하나님께서 알지 못하시는 일은 하나도 없는 것입니다. 이 세상이 생기기 전부터 오늘까지 하나님은 모든 것을 알고 계십니다. 그뿐만 아니라 성경은 하나님은 만물을 창조하신 하나님이라고 말씀하고 있습니다.

"너희 무리는 마땅히 일어나 영원부터 영원까지 계신 너희 하나님 여호와야훼를 송축할지어다 주여 주의 영화로운 이름을 송축하올 것은 주의 이름이 존귀하여 모든 송축이나 찬양에서 뛰어남이니이다 오직 주는 여호와야훼시라 하늘과 하늘들의 하늘과 일월 성신과 땅과 땅 위의 만물과 바다와 그 가운데 모든 것을 지으시고 다 보존하시오니 모든 천군이 주께 경배하나이다"_느헤미야 9:5-6

그러므로 하나님께서 모든 만물을 다 지으셨으니 그 지으신 것을 모르실 리가 만무한 것입니다. 여러분, 하나님은 우리의 모든 것을 다 알고 계십니다. 성경은 말씀하기를 하나님은 우리가 어머니 배 속에서 태어나기 전부터 이미 우리를 보셨다고 했습니다. 우리의 일생을 이 세상의 하루가 지나기 전에 하나님의 책에 다 기록했다고 말씀합니다. 하나님은 만물을 창조하신 하나님이기 때문에 우리의 사정을 속속들이 다 알고 계신 것입니다.

"오직 여호와야훼를 앙망하는 자는 새 힘을 얻으리니 독수리가 날개 치며 올라감 같을 것이요 달음박질하여도 곤비하지 아니하겠고 걸어가도 피곤하지 아니하리로다"_이사야 40:31

"이스라엘을 지키시는 이는 졸지도 아니하시고 주무시지도 아니하시리로다"_시편 121:4

하나님은 졸지도 않으시고 주무시지도 않지만 피곤하지도 않으시고 곤비하지도 않으십니다. 만일 하나님이 피곤하고 곤비하셔서 우리가 하나님께 "하나님, 도와주세요"라고 기도할 때, "나 지친다. 나 지금 쉬어야 해.", "나 지금 자는데 왜 야단이야!"라고 말씀하신다면 우리는 하나님을 의지할 수 없지요. 그러나 하나님은 졸지도 않으시고 주무시지도 않으십니다. 우리 하나님은 피곤하지도 않으시고 곤비하지도 않으십니다. 하나님께서는 언제든지 그 능력으로 우리를 도우실 수 있는 하나님이시라는 것입니다.

그리고 하나님의 명철은 한이 없으시다고 성경은 말씀합니다. 하나님의 명철이 한이 없으시기 때문에 우리의 모든 문제를 다 알고 계시며, 그 문제에 대한 해답 또한 다 가지고 계신 것입니다.

"깊도다 하나님의 지혜와 지식의 풍성함이여, 그의 판단은 헤아리지 못할 것이며 그의 길은 찾지 못할 것이로다"_로마서 11:33

여러분, 하나님께서는 우리에게 나타나 역사하기를 원하시는 하나님입니다. 이 사실을 우리가 알아야 하는 것입니다. 성경은 말씀하시기를 피곤한 자에게는 하나님께서 능력을 주신다고 했습니다. 오늘날 사람들은 심신이 피곤해져 있습니다. 모두가 생활에 지쳐서 피곤해져 있습니다. 직장생활에 지쳐 버린 사람도 있고 가정생활에 지쳐 버린 사람도 있습니다. 사회생활에서 지쳐 버린 사람도 있고 학교생활에 지쳐 버린 사람도 있습니다. 투쟁력을 잃어버리고 "될 대로 돼라" 하는 사람도 있습니다. 바람 부는 대로 물결치는 대로 그만 인생을 내던지는 사람도 있습니다. 하지만 우리 하나님께서는 상한 갈대라고 해서 꺾어 버리시고, 꺼져가는 등불이라고 해서 그 불을 확 끄지 않으십니다.

"상한 갈대를 꺾지 아니하며 꺼져가는 등불을 끄지 아니하고 진실로 정의를 시행할 것이며"_이사야 42:3

상한 갈대나 꺼져가는 등불조차도 붙드셔서 그 피곤하고 지친 자에게 능력 주기를 원하시는 하나님입니다. 우리 하나님은 지극히 무능한 자에게도 능력을 주셔서 다시 일으켜 세워 살려 주기를 원하십니다. 이것이 바로 하나님의 뜻이라는 것을 우리는 알아야 합니다.

성경은 하나님께서 무능한 자에게 힘을 더하신다고 했습니다.

가장으로서 능력을 상실하고 무능하게 되었을 때 하나님은 가장으로서의 힘을 주시고, 아내로서 능력을 상실했을 때 아내로서의 일을 할 수 있는 힘을 주시고, 부모로서 능력을 상실했을 때 부모로서의 일을 할 수 있는 힘을 주시고, 직장인으로서의 능력을 상실했을 때 직장에서 인정받을 수 있도록 능력 주기를 원하시고, 사회생활에 적응력을 상실했을 때 적응할 힘을 주셔서 사회에 잘 적응하여 살아갈 수 있도록 해 주기를 원하시는 분이 우리 하나님이라고 성경은 말씀하고 있는 것입니다.

"그러므로 피곤한 손과 연약한 무릎을 일으켜 세우고 너희 발을 위하여 곧은 길을 만들어 저는 다리로 하여금 어그러지지 않고 고침을 받게 하라"_히브리서 12:12-13

우리 하나님께서는 피곤한 자에게는 능력을, 무능자에게는 힘을 더하길 원하시는 하나님이라는 것을 성경은 계속해서 말씀하고 있습니다. 그러므로 우리는 이와 같은 하나님에 대한 기본적인 상식을 가지고 있어야 합니다. "하나님은 나에 대해 모르시며, 나의 원통함도 수리해 주시지 않는다"라고 말하면 안 되는 것입니다. 우리는 근본적인 하나님의 은혜를 알아야 합니다. 우리 하나님은 우리가 생명을 얻되 더 풍성히 얻기를 원하시고_요 10:10 영혼이 잘됨 같이 범사에 잘되며 강건하기를 원하시는요삼 1:2 좋으신 아버지라는 사실을 알아야 합니다.

하나님을 앙망해야 함

우리가 이와 같이 우리에게 능력 주시는 하나님을 안다면 이 땅에 살면서 여호와야훼를 앙망할 줄 알아야 합니다. 앙망한다는 것은 수평적인 생활 관심에서 수직적인 관심을 가지고 하나님을 생각하고 예배하며 기다리는 것을 말합니다. 세상 사람들은 전부 다 땅만 보고 삽니다. 하늘을 쳐다보지 않습니다. 하나님을 앙망한다는 것은 땅만 보고 살지 말고 고개를 들어 하늘을 쳐다보는 것을 말하는 것입니다. 하나님을 앙망하고 하나님께 감사하고 하나님을 예배하고 하나님을 섬기는 이러한 삶을 살 때 하나님과 우리의 연결이 이루어집니다.

오늘날 많은 사람이 곤비하고 피곤하고 스트레스에 걸리고 넘어지는 것은 수평적인 인생을 살기 때문입니다. 이 땅에서 우리에게 다가오는 마음의 고통과 괴로움을 견디질 못해 쓰러지는 것입니다. 그러나 하늘을 쳐다보면 하나님께서 우리가 능히 이 세상에서 스트레스를 이기고 스트레스를 삼키며 살아갈 힘을 허락하여 주십니다.

"수고하고 무거운 짐 진 자들아 다 내게로 오라 내가 너희를 쉬게 하리라"_마태복음 11:28

예수님께서도 무거운 짐을 다 가지고 오라고 말씀하시지 않습니까? 여러분, 예수님이 어디에 계십니까? 예수님은 하나님 보좌 우편에 계십니다. 그래서 우리는 하늘을 앙망해야만 하는 것입니다. 그러므로 우리가 여호와야훼를 앙망하고 새 힘을 얻기 위해서는 하나님을 예배해야 한다는 것을 잊지 말아야 합니다. 예배하는 것은 이 수평적인 인생의 생활을 잠시 잊어버리고 하늘을 쳐다보고 하나님께 공경하는 마음을 드리는 것을 말하는 것입니다. 성경은 우리에게 엿새 동안 일하고 이레째는 교회에 나와서 하나님을 섬기라고 말씀하고 있습니다.

"오호라 너희 모든 목마른 자들아 물로 나아오라 돈 없는 자도 오라 너희는 와서 사 먹되 돈 없이, 값 없이 와서 포도주와 젖을 사라 너희가 어찌하여 양식이 아닌 것을 위하여 은을 달아 주며 배부르게 하지 못할 것을 위하여 수고하느냐 내게 듣고 들을지어다 그리하면 너희가 좋은 것을 먹을 것이며 너희 자신들이 기름진 것으로 즐거움을 얻으리라 너희는 귀를 기울이고 내게로 나아와 들으라 그리하면 너희의 영혼이 살리라 내가 너희를 위하여 영원한 언약을 맺으리니 곧 다윗에게 허락한 확실한 은혜이니라"_이사야 55:1-3

목마른 자는 물로 나아오고 돈 없는 자도 와서 하나님이 주시는 포도주와 젖을 값없이 사라는 것입니다. 우리가 하나님께 나와서 믿음으로 하나님을 앙망하고 예배하면 하나님께서는 그들에게 포도주와 같은 즐거움을 주시고, 젖과 같이 영양분이 듬뿍 담긴 하나님의 은혜를 주셔서 마음에 즐거움과 힘을 가지고 인생을 살아갈 수 있게 해 주시는 것입니다. 그뿐만 아니라 우리는 하루의 시작 전에 하나님을 예배해야 합니다. 주님은 아침마다 우리를 붙들어 주시는 팔이 된다고 하셨습니다. 그러므로 밤에 잠을 자고 아침에 일어나서는 제일 먼저 여호와야훼를 앙망하며 하나님께 기도와 찬송을 드리고 하나님의 도움을 구하면 하나님의 오른팔이 나타나서 그날 살아갈 힘을 허락해 주신다는 것입니다.

"여호와야훼여 우리에게 은혜를 베푸소서 우리가 주를 앙망하오니 주는 아침마다 우리의 팔이 되시며 환난 때에 우리의 구원이 되소서"_이사야 33:2

그리고 여호와야훼를 앙망한다는 것은 말씀을 깊이 있게 듣고 읽어서 하나님과 가까워지는 것입니다. 어떻게 하면 하나님과 가까워집니까? 하나님의 음성을 듣고 하나님께 가까이 나아가야 하는 것입니다. 서로 자주 만나고 대화를 많이 해야 가까워지지, 아무리 사랑하는 친구들이라도 오래 떨어져 있으면 멀어지고 말 것입니다. 이웃사촌이라는 말은 이웃이 우리와 피와 살이 섞이지 않았어도 가까이 있어서 늘 대화하기에 멀리 있는 사촌보다 더 낫다는 뜻입니다.

"주의 종에게 하신 말씀을 기억하소서 주께서 내게 소망을 가지게 하셨나이다 이 말씀은 나의 고난 중의 위로라 주의 말씀이 나를 살리셨기 때문이니이다"_시편 119:49-50

여러분, 주의 말씀은 마음속에 소망이 있게 하고 곤란 중에 위로가 되고 우리를 살리기 때문에, 하나님의 말씀을 가까이 듣고 늘 읽어야 합니다. 우리가 주일날도 말씀을 듣고 수요일에도 말씀을 공부하고 구역 예배에 나가서 서로 말씀도 나누고, 또 우리가 성경을 매일 읽음으로 하나님의 말씀과 같이 있으면 자연적으로 하나님과 가까워지고 하나님과 친하게 되어서 하나님의 은총의 손길을 가슴속에 느끼게 되는 것입니다. 그리고 수시로 기도하되 매일 특별한 시간을 내어 기도하고 마음의 짐을 하나님께 맡겨야 합니다.

"네 짐을 여호와야훼께 맡기라 그가 너를 붙드시고 의인의 요동함을 영원히 허락하지 아니하시리로다"_시편 55:22

"날마다 우리 짐을 지시는 주 곧 우리의 구원이신 하나님을 찬송할지로다 (셀라)"_시편 68:19

우리 하나님은 우리의 짐을 지길 원하시는 분이십니다. 작고 큰 모든 짐을 지길 원하시는데, 우리가 기도하고 맡겨야 그 짐을 져 주시지, 우리가 억지로 짊어지고 하나님께 맡기지 않는데 하나님이 그 짐을 어떻게 져 주실 수 있겠습니까? 우리 하나님은 우리를 사랑하사 우리가 감당하지 못할 짐을 지는 걸 원치 않으십니다. 그렇기 때문에 수시로 하나님께 기도해서 우리의 짐을 맡기고, 매일 특별한 시간을 내어 적어도 30분, 한 시간 이상 여호와야훼와 함께 기도하며 대화해야 합니다. 그럴 때 우리의 마음속에 강물같이 넘치는 하나님의 평안을 체험할 수 있는 것입니다.

그리고 수시로 하나님의 선하심과 인자하심을 묵상해야 합니다. 시간이 있을 때마다 세상일만 생각하지 말고 하늘의 일을 생각하십시오. 하나님은 하늘 보좌에 계시고 예수님은 그 보좌 우편에 계십니다. 그렇기 때문에 위의 일을 생각하고 하나님의 선하심과 인자하심을 감사하고 찬송해야 하는 것입니다. 그리고 늘 입술로 하나님께 감사와 찬양을 드리며, 이런 여러 가지 방법을 통해 여호와야훼를 앙망해야 합니다. 수평적인 인생만을 살지 말고 수직적인 인생을 살아야 합니다. 늘 하나님을 쳐다보고 하나님과 동행하는 삶을 살아야 하는 것입니다.

여러분, 우리는 땅의 일로 우리의 심신이 온통 사로잡혀 있을 때 스트레스를 받습니다. 그때는 그것을 잠시 중단하고 하나님과 하늘나라에 관심을 기울여야 합니다. 하나님과 가까워질 때 우리를 붙들고 있는 스트레스의 줄이 다 끊겨 버리기 때문입니다. 세상의 염려, 근심, 불안, 초조, 절망이라는 스트레스가 우리를 묶어 놓아도 하늘을 쳐다보면 하나님의 성령의 은혜가 우리에게 다가옵니다. 그럴 때 우리를 묶고 있던 스트레스의 줄이 다 끊어져 버리고 마는 것입니다. 그때 우리는 스트레스에서 해방되는 것입니다. 그렇기 때문에 여호와야훼를 앙망하고 사는 삶은 진실로 영혼이 잘되고 범사가 잘되며 강건해질 수 있는 것입니다. 스트레스에서 해방되기 때문에 우리 마음속에 참믿음과 소망과 사랑이 넘쳐나고, 인생을 여유롭게 살아갈 수가 있습니다.

여러분이 매 주일 교회에 나와서 하나님께 기도하고 말씀을 듣고 찬양한다는 것은 여호와야훼를 앙망하는 것입니다. 이로 말미암아 하나님이 여러분에게 내리시는 은혜로 스트레스에서 해방되는 일이 얼마나 많은지 모릅니다. 주일 예배를 드림으로 말미암아 수많은 생의 압력에서 해방되고 스트레스에서 해방과 자유를 얻고, 또 여러분이 한 주간 동안 인생의 짐을 지고 살아갈 수 있는 용기와 힘이 생겨나는 것입니다. 그리고 스트레스에서 해방되어야 정신적인 질병에서, 육체적인 질병에서 해방될 수 있고 건강한 심신을 가지고 살아갈 수 있는 것입니다.

여호와야훼를 앙망하면 새 힘을 얻음

성경에는 여호와야훼를 앙망하면 새 힘을 얻는다고 말씀했습니다. 어떻게 해야 새 힘을 얻을 수 있을까요? 여러분이 하나님을 앙망하고 있으면 자아에 대한 새로운 이미지가 생겨납니다. 이 세상에 수평적인 삶만 살고 있으면 모든 수고와 괴로움이 짓누르고, 그것을 감당하지 못하면 자기는 버림받고 고독한 존재가 되었다고 생각하고 좌절하는 것입니다. 그러나 여호와야훼 하나님과 함께 만나고 있으면 하나님께서 우리의 참모습을 보여 주십니다. 버림받고 고독한 존재가 아니라는 것을 깨닫게 되는 것입니다.

"내가 너희를 고아와 같이 버려두지 아니하고 너희에게로 오리라 조금 있으면 세상은 다시 나를 보지 못할 것이로되 너희는 나를 보리니 이는 내가 살아 있고 너희도 살아 있겠음이라 그 날에는 내가 아버지 안에, 너희가 내 안에, 내가 너희 안에 있는 것을 너희가 알리라"_요한복음 14:18-20

우리가 하나님 앞에 있으면 주님이 내 안에, 내가 주님 안에 있는 것을 알고 나는 보통 사람이 아니라 하나님의 사람, 예수 사람이 된 것을 알게 됩니다. 예수님으로 말미암아 나는 죄악에서 해방되고 하나님과 원수가 된 담이 무너져 치료와 기쁨을 얻게 됩니다. 나는 아브라함의 축복을 받은 사람이며 사망과 음부를 이긴 사람이라는 새로운 자기 이미지를 가지고 살아갈 수 있게 되는 것입니다.

"그런즉 누구든지 그리스도 안에 있으면 새로운 피조물이라 이전 것은 지나갔으니 보라 새 것이 되었도다"_고린도후서 5:17

이렇게 새롭게 된 자아 이미지를 가지고서 살아가기 때문에 힘든 일이 닥쳐도 용기와 힘이 백배로 생겨납니다. 마음속에 깨달아 알게 된 예수님의 십자가 은혜를 통해 우리는 새로운 피조물이 되었다는 사실을 하나님 앞에서 확신할 수 있게 됩니다. 그리고 또 하나님 앞에서 기다리면 새 힘을 얻게 되는데, 이것은 성령이 주시는 새 힘입니다. 우리가 하나님 앞에서 기도하고 기다리면 하나님의 성령이 반드시 역사하십니다. 성경에서 하나님의 성령을 생수라고 말했습니다.

"명절 끝날 곧 큰 날에 예수께서 서서 외쳐 이르시되 누구든지 목마르거든 내게로 와서 마시라 나를 믿는 자는 성경에 이름과 같이 그 배에서 생수의 강이 흘러나오리라 하시니"_요한복음 7:37-38

생수는 피곤과 갈증을 모두 해소해 줍니다. 성령의 생수도 마찬가지입니다. 인생에 피곤하고 외롭고 슬프고 갈증이 생겼을 때 하나님의 성령이 생수처럼 오셔서 우리의 모든 삶의 갈증을 해소해 주십니다. 그 성령의 생수로 인해 우리는 새로운 힘이 생깁니다. 무더운 여름 뙤약볕 밑에서 일하는 사람이 갈증이 생기면 일을 할 수가 없습니다. 완전히 지치고 쓰러집니다. 그러나 그때 생수를 마시면 얼마나 시원한지 모릅니다.

제가 어릴 때는 요즘과 같이 사이다나 콜라 같은 탄산음료가 없었습니다. 그때는 밭에서 일하다가 갈증이 나면 우물물을 길어와 거기에 된장이나 간장을 섞어서 마셨습니다. 그러면 아주 시원해졌습니다. 저는 옛날에 그것을 많이 마셔봤는데, 마시고 나면 새 힘이 일어납니다. 그러나 인생에 갈증으로 지치고 피곤한 사람은 이런 된장이나 간장 섞은 물을 마셔도 소용이 없습니다. 성령의 생수가 오셔야 시원해지는 것입니다.

또, 성령은 새바람입니다. 여러분, 사람이 생기가 다 죽었을 때 새바람이 불어오면 생기가 돋아납니다. 성령은 새바람으로 우리가 이 세상에서 지치고 피곤하여 완전히 기운이 쭉 빠졌을 때 우리에게 찾아와 생기를 부어 주는 것입니다. 요즘은 사람들이 '기'라는 말을 많이 사용합니다. "기가 죽었다. 그 사람 기가 다 빠졌다. 기가 나간 사람이다"라고 합니다. 기가 나가고 기가 빠지고 기가 없는 사람은 한의원에 가서 아무리 침을 맞아도 소용이 없습니다. 그러나 기도하면 성령의 새바람으로 생기가 우리 안에 들어오게 되는 것입니다. 성령은 위대한 '기'이기 때문에 성령의 기가 들어오면 우리는 완전히 살아나게 됩니다. 눈빛이 또렷또렷하게 돼요. 그리고 또 하나님의 성령은 우리 가운데 하나님의 사랑을 부어 주는 것입니다.

"소망이 우리를 부끄럽게 하지 아니함은 우리에게 주신 성령으로 말미암아 하나님의 사랑이 우리 마음에 부은 바 됨이니"_로마서 5:5

우리 하나님이 나를 사랑하신다는 그 뜨거운 마음이 넘쳐나면 용기가 생깁니다. '하늘과 땅을 지으신 하나님께 내가 사랑받고 있는데 이 세상 사람이 나를 어찌할 것이냐?'라고 생각하면 용기와 힘이 생깁니다. 그리고 성령이 충만해지면 우리 마음속에 새로운 기쁨이 넘쳐나게 되는 것입니다.

"많은 사람에게 붙었던 더러운 귀신들이 크게 소리를 지르며 나가고 또 많은 중풍병자와 못 걷는 사람이 나으니 그 성에 큰 기쁨이 있더라"_사도행전 8:7-8

성령의 역사가 일어나면 귀신도 쫓겨 나가고 질병도 치료받고 마음속에 기쁨이 넘쳐나게 되는 것입니다. 기쁨이 우리에게 얼마나 큰 힘이 되는지 모릅니다. 그뿐만 아니라 하나님의 성령께서는 우리에게 새로운 꿈과 환상을 주시는 것입니다. 성령이 오시면 젊은이에게는 환상을 늙은이에게는 꿈을 주리라행 2:17고 하셨는데, 소망이 다 없어지고 절망에 처했을 때 하나님의 성령은 오셔서 우리에게 내일에 대한 새로운 기도와 소망으로 채워 주시고 꿈과 환상을 주시고 일어날 수 있는 은혜를 주시는 것입니다. 성령은 도전에 대한 응전의 힘을 주십니다. 용기와 담력을 허락해 주시는 것입니다. 여러분, 사람들이 용기를 잃어버리면 아무 일도 하지 못합니다.

오늘날 한국의 현실이 그렇지 않습니까? 정치인도 용기를 잃고 사업가도 용기를 잃고 일반 시민도 용기를 잃고 앞으로 나아갈 힘과 담력을 상실합니다. 힘과 담력을 상실하면 아무 일도 못해요. 그러나 우리는 뒤로 물러서지 말고 강하고 담대한 믿음으로 꿈을 가지고 앞으로 나아가야 하는데, 이것은 하나님의 성령께서 우리에게 오셔서 그렇게 해 주시는 것입니다.

"그러므로 너희 담대함을 버리지 말라 이것이 큰 상을 얻게 하느니라 너희에게 인내가 필요함은 너희가 하나님의 뜻을 행한 후에 약속하신 것을 받기 위함이라 잠시 잠깐 후면 오실 이가 오시리니 지체하지 아니하시리라 나의 의인은 믿음으로 말미암아 살리라 또한 뒤로 물러가면 내 마음이 그를 기뻐하지 아니하리라 하셨느니라"_히브리서 10:35-38

그러면 여호와야훼를 앙망하는 사람이 새 힘을 얻으면 어떻게 될까요? 독수리가 날개 치며 올라가듯 올라간다고 했습니다. 참새는 오로지 자기의 날개 힘으로 날기 때문에 날개를 빨리 쳤다가는 나중에 기진맥진하게 되지요. 그러나 독수리는 자기의 날개 힘으로 날지 않습니다. 독수리가 날개 치며 올라갈 때는 땅에서 올라가는 상승기류를 타고 올라갑니다.

여러분, 인생도 마찬가지예요. 하나님을 앙망하고 성령의 힘을 얻어서 사는 사람은 "믿습니다!" 하고, 하나님이 없는 사람은 '헉, 헉, 헉, 헉' 하며 있는 힘을 다하여 살면서 "아이고, 나 죽어"라고 합니다. 그러면서도 별로 올라가지도 못합니다. 그렇게 날개 쳐서 뭘 올라가겠어요?

그러나 여호와야훼를 앙망하는 자는 독수리가 날개 치며 올라가듯 올라갈 수가 있는 것입니다. 주일마다 예배를 드리고 난 다음에는 그 한 주간을 하나님을 향한 믿음으로 눈에는 아무 증거 안 보이고 귀에는 아무 소리 안 들리고 아무것도 손에는 잡히는 것이 없어도 두려워하거나 불안에 떨지 않고 "믿습니다!" 하고 날아올라 갈 수 있는 것입니다. 이 얼마나 좋습니까? 그 결과로 달음박질을 해도 곤비치 않게 됩니다. 달음박질한다는 것은 뛰는 것 아닙니까? 쫓기는 인생, 숨 가쁘게 달리고 스트레스가 쌓여도 기진맥진하지 않습니다.

오늘날과 같은 경쟁 사회에서 우리가 달음박질 안 할 수 있어요? 아침에 일찍 일어나고 저녁에 늦게 눕습니다. 또 여러 가지 삶의 일로 쫓길 때가 많습니다. 돈에 쫓기고 환경에 쫓기고 노동력에 쫓길 때가 많습니다. 세상에서는 피곤하지만 여호와야훼를 앙망하는 사람은 하늘에서 힘이 임하였기 때문에 달음박질해도 곤비치 않습니다. 달음박질도 마음속에 기쁨과 즐거움으로 할 수 있습니다.

6·25전쟁 당시, 저는 부산 대천동 병원에서 일을 하고 있었습니다. 그때 물이 없어서 물장수가 오면 물을 샀습니다. 저는 그때를 늘 기억합니다. 대천동은 쭉 뻗은 고갯길이 있었습니다. 많은 사람이 겨울철에 이맛살을 찌푸리고 고갯길을 내려오는데, 그 위에서 물장수가 손수레에 물을 잔뜩 싣고서 뛰어 내려옵니다. 제가 물을 사려고 병원 앞에 서 있으면 꼭 한 사람 물을 파는 사람이 있습니다. 그 사람은 예수 믿는 사람이었습니다. 그는 손수레에 물을 싣고 내려오면서 "내 주를 가까이 하게 함은 십자가 짐 같은 고생이나……" 찬송을 불렀습니다. 그래서 제가 물을 살 때 물었습니다.

"아저씨는 늘 그렇게 기쁩니까?"

"네, 저는 마음이 늘 기쁩니다."

"왜 기쁩니까?"

"예수님이 제 가슴속에 계시기 때문입니다. 선생도 예수 믿으십시오."

그때 저는 '예수 믿어도 별나게 믿는다. 예수는 교회에서나 믿지, 뭐 이렇게 길거리에서 믿나?' 하는 생각을 했습니다. 그런데 그 사람은 24시간 자기 생활 속에 주님이 같이 계셔서 그 삶의 곤비함 속에서도 그것을 극복하고 이길 수 있는 기쁨이 있었던 것입니다.

성경에는 여호와야훼를 앙망하면 걸어가도 피곤치 않는다고 했습니다. 갑자기 생활에 여유가 생겨 돈도 많아지고 늦잠을 자고 평안해지면 순식간에 인생이 허무해집니다. 그다음에는 과소비를 하기 시작하고 파멸로 들어갑니다. 그러나 예수 믿는 사람은 생활의 여유가 생기고 모든 것이 평안해져도 주님의 은혜로 말미암아 그 여유를 하나님께 영광 돌리는 데 사용합니다. 여호와야훼를 앙망하면 올바르게 살 수 있는 지혜와 힘을 주기 때문에 걸어가도 여유 있는 삶을 살게 되는 것입니다.

여호와야훼를 앙망하는 자는 항상 새롭고 피곤치 않게 인생을 살아갈 수가 있는 것입니다. 그러므로 여러분, 이 세상에 현실적인 삶은 점점 더 각박해지고 어려워집니다. 날이 갈수록 더 많은 정신적인 장애와 육체적인 질병과 가정적인 파탄과 생활의 고통으로 허덕이게 될 것입니다. 그러나 우리가 만유의 주되신 여호와야훼를 앙망하고 살 때, 여호와야훼께서 우리에게 새 힘을 허락해 주셔서 언제나 큰 기쁨과 소망을 가지고 오히려 스트레스를 즐기며 스트레스를 이용해 성공적인 인생을 살아갈 수가 있는 것입니다.

기도

하나님 우리 아버지여, 우리가 인생을 살면서 이 생존 경쟁을 피할 수는 없고, 나이가 들수록 세상적인 삶의 생존 경쟁 속에 형언할 수 없는 스트레스가 쌓이게 됩니다. 가정도 스트레스로 파괴되고 생활도 스트레스에 무너집니다. 마음도 스트레스로 병들고 정신적인 장애도 가져오고 사회도 어수선해집니다. 사람들은 여유가 없어 부딪히기만 하면 물고 찢고 싸웁니다. 아버지, 이런 가운데 마음에 여유를 가지고 평안과 기쁨으로 물댄동산 같이 살 수 있는 길은 오직 여호와야훼 하나님을 앙망하고 사는 길밖에 없다는 것을 압니다. 우리 아버지여, 그러므로 우리 모든 사람이 생수의 근원 되시는 여호와야훼 하나님을 모시고, 여호와야훼를 앙망하며 살게 도와주세요. 수평적인 인생을 살지 말고 오직 수직적인 인생을 살게 도와주셔서 항상 하나님만 쳐다보고, 하나님을 예배하고 말씀을 묵상하고, 하나님께 감사하고, 하나님께 기도하고 의지하며 성령으로 충만한 삶을 살도록 하옵소서. 스트레스를 이기고 성령의 상승 기류를 타고 독수리 날개 치며 올라감 같이 유유자적한 인생을 살아갈 수 있게 도와주옵소서. 예수님의 이름 받들어 기도합니다. 아멘.

요약

1. 하나님을 바로 알아야 함

하나님은 무능한 자에게 힘과 능력을 더하여 주십니다. 우리는 근본적인 하나님의 은혜를 알아야 합니다. 하나님께서는 우리가 생명을 얻되 더 풍성히 얻기를 원하시고, 영혼이 잘됨 같이 범사에 잘되며 강건하기를 원하시는 좋으신 아버지라는 사실을 알아야 합니다.

2. 하나님을 앙망해야 함

여호와(야훼)를 앙망한다는 것은 말씀을 깊이 있게 듣고 읽어서 하나님과 가까워지는 것입니다. 우리가 성경을 매일 읽음으로 하나님 말씀과 같이 있으면 자연적으로 하나님과 가까워지고, 하나님과 친하게 되어서 하나님의 은총의 손길을 가슴속에 느끼게 되는 것입니다. 그리고 수시로 기도하되 매일 특별한 시간을 내어 기도하고 마음의 짐을 하나님께 맡겨야 합니다.

3. 여호와야훼를 앙망하면 새 힘을 얻음

하나님을 앙망하면 자아에 대한 새로운 이미지가 생겨납니다. 이 세상에 수평적인 삶만 살고 있으면 모든 수고와 괴로움이 짓누르고 그것을 감당하지 못하면 자기는 버림받고 고독한 존재가 되었다고 생각하고 좌절하게 됩니다. 그러나 여호와야훼 하나님과 함께 만나면 하나님께서 우리의 참모습을 보여 주십니다. 버림받고 고독한 존재가 아니라는 것을 깨닫게 됩니다.

내가 사망의 음침한 골짜기로 다닐지라도
해를 두려워하지 않을 것은 주께서 나와 함께 하심이라
주의 지팡이와 막대기가 나를 안위하시나이다
주께서 내 원수의 목전에서 내게 상을 차려 주시고
기름을 내 머리에 부으셨으니 내 잔이 넘치나이다

시편 23:4-5

마음이 불안하고 초조할 때

1997년 3월 2일

마음이 불안하고 초조할 때
<1997년 3월 2일>

오늘은 여러분과 함께 '마음이 불안하고 초조할 때'라는 제목으로 말씀을 나누겠습니다. 인간은 전지전능하지 않기 때문에 오늘 하루에도 자기 주변에 무슨 일이 일어날지 도저히 예측할 수가 없습니다. 또 계속해서 일어나는 수많은 문제와 사고, 고난스러운 일 때문에 늘 마음이 불안하고 초조합니다. 나와 내 가족, 내 주변에 오늘 하루 동안 무슨 일이 일어날 것인가? 항상 불안합니다. 이 마음의 불안과 초조, 혹은 공포를 신앙인으로서 어떻게 극복하면서 살아갈 수 있을까요?

시편 기자 다윗은 시편 23편에 여기에 대해 놀라운 고백을 했습니다. "내가 사망의 음침한 골짜기로 다닐지라도 해를 두려워하지 않을 것은 주께서 나와 함께 하심이라 주의 지팡이와 막대기가 나를 안위하시나이다"시 23:4 여기에는 다윗의 깊은 신앙에 대한 계시가 담겨 있습니다. "내가 사망의 음침한 골짜기로 다닐지라도"라는 말씀은 우리의 삶 속에 극한 상황을 잘 설명하고 있습니다. '사망의 골짜기'란 삶의 희망이 사라지고 오직 죽음의 절망적인 가장 고독한 골짜기, 황량한 삶의 시련을 말하는 것입니다. 시련이 너무 깊어서 이제는 살아갈 희망조차 잃어버립니다. 살길이 막막하게 되는 이러한 골짜기를 지나갈 때가 있습니다. 그것은 밝은 골짜기가 아니고 음침한 골짜기입니다. 앞을 조금도 바라볼 수 없는, 빛이 사라진 고난의 어둠이 짙게 덮인 골짜기인 것입니다.

마치 오늘날 우리 정치권이나 우리 경제나 우리 사회가 처한 상황과 같습니다. 우리가 신문을 보든지, 라디오나 TV를 듣고 보든지 모든 이야기가 사망의 음침한 골짜기를 지나가는 이야기입니다. 이러한 상황에서 과연 우리가 살아날 수 있을까? 과연 우리에게 희망이 다시 찾아올까? 과연 우리가 재기할 수 있는 능력이 있을까? 이러한 질문이 우리 국민 가슴에 메아리칩니다.

그러나 다윗은 "내가 그와 같은 상황에 부닥칠지라도 해를 두려

위하지 않는다"라고 말합니다. 아무도 도와줄 자 없는 처참한 처지에서도 결코 파멸할 것이라고는 생각하지 않고, 오히려 그런 곳에서 하나님의 구원의 손길이 임할 거라고 다윗은 믿고 있습니다. 왜냐하면 주님께서 함께 계시기 때문입니다.

여러분, 이것은 주님의 약속입니다. 내가 자격이 있어서 그런 것이 아니라 주님을 믿는 자들을 위해 하나님은 우리의 목자가 되시고 우리는 하나님의 기르시는 양이기 때문입니다. 비록 양인 우리의 눈에는 아무것도 안 보이고 느낄 수가 없어도 주님이 지팡이를 가지고 우리를 인도해 주시고 그 막대기로 우리를 보호해 주는 역사를 계속하실 것입니다. 그러므로 절대 절망에 처해있고 천지가 아득할지라도 주님을 믿는 사람들은 그 가운데에 목자이신 하나님이 찾아와 계신다는 것을 알아야 합니다. 이것은 인간의 생각을 초월하고 감각을 초월하신 하나님의 섭리이며 현실을 말씀하는 것입니다.

이 사실을 요셉의 체험을 통해서 알 수 있습니다. 요셉은 하나님을 경외하고 두려워하고 잘 섬기는 사람이었지만, 형들에게 미움을 받았습니다. 형들이 요셉을 죽이려고 작정하고 아버지의 심부름으로 온 요셉을 붙잡아서 옷을 벗기고 마른 우물에 처넣었습니다. 그때 요셉은 무덤의 골짜기로 내려앉았습니다. 진실로 사망의 음침한 골짜기로 내려갔습니다. 그에게 빛이란 전혀 없었습니다. 형들이 마른 우물 속에 요셉을 던져 넣어버리고 그대로 떠나가 버리면 그는 살아갈 희망이 없습니다. 그는 인간적으로 생각할 때 모든 것이 끝장나고 절망적이라고 생각했습니다. 그러나 그때 요셉이 혼자 마른 우물에 들어가 있는 것이 아니라 주님이 함께 들어와 계셨습니다. 이것이 우리 믿는 자 마음속에 있는 위대한 소망입니다. 마른 우물에 요셉 혼자 있는 것이 아니라 주님이 그곳에 함께 계시니 얼마 있지 않아 주님께서 그 형들의 마음을 변화시켰습니다. 아라비아 대상들이 올 때 "우리, 동생을 저곳에 던져서 죽이는 것보다는 팔아서 돈벌이하자"라고 말하며 요셉을 건져내어서 은 20냥에 종으로 팔아 버렸습니다. 여러분, 이것이 바로 주님께서 같이 계셔서 요셉의 생각을 초월해 하나님의 뜻을 이루신 것입니다.

아라비아 대상들에게 종으로 팔려 끌려갈 때도 요셉에게는 소망의 빛이 한줄기도 없었습니다. 나이가 겨우 열일곱 살인데 아버지를 떠나서 전에는 가본 적도 없는 애굽으로, 그것도 종으로 끌려가는 처지에 놓인 요셉에게는 빛이 한줄기도 안 보였습니다. 모든 것이 처절한 절망으로 생각되었습니다. 그러나 아라비아 대상의 종으로 끌려가면서도 그가 몰랐던 것은 하나님도 아라비아 대상과 함께 애굽으로 내려가신다는 것입니다. 요셉 혼자 내려가지 않고 하나님께서 같이 내려가신다는 것은 어떠한 극한 상황에 처해있더라도 하나님이 떠나지 않고 같이 계신다는 것입니다. 그렇기 때문에 그가 애굽에 종으로 끌려가는 그 길은 애굽의 총리 훈련학교로 유학 가는 길이었다는 것을 그는 꿈에도 몰랐습니다. 요셉은 종으로 끌려간 줄 알았지만, 하나님은 그를 유학의 길로 끌고 가셨던 것입니다.

여러분, 우리의 생각과 하나님의 생각은 현격히 틀린 것입니다. 요셉은 10년 동안 보디발 집에서 종살이했습니다. 그는 외롭게 종살이했습니다. 아버지를 그리워하고 고향을 그리워했습니다. 매일 눈물로 지냈습니다. 요셉은 그 종살이하는 가운데 하나님도 함께 계신다는 사실을 몰랐습니다. 목자는 언제나 양과 같이 있습니다. 요셉은 언제나 자기 혼자 외롭고 고독하게 종으로서 고생하고 있다고 생각을 했지만, 종살이하는 그곳에 여호와야훼께서 함께 계셨고 매일 매일 역사해 주신 것입니다.

"요셉이 이끌려 애굽에 내려가매 바로의 신하 친위대장 애굽 사람 보디발이 그를 그리로 데려간 이스마엘 사람의 손에서 요셉을 사니라 여호와야훼께서 요셉과 함께 하시므로 그가 형통한 자가 되어 그의 주인 애굽 사람의 집에 있으니 그의 주인이 여호와야훼께서 그와 함께 하심을 보며 또 여호와야훼께서 그의 범사에 형통하게 하심을 보았더라 요셉이 그의 주인에게 은혜를 입어 섬기매 그가 요셉을 가정 총무로 삼고 자기의 소유를 다 그의 손에 위탁하니 그가 요셉에게 자기의 집과 그의 모든 소유물을 주관하게 한 때부터 여호와야훼께서 요셉을 위하여 그 애굽 사람의 집에 복을 내리시므로 여호와야훼의 복이 그의 집과 밭에 있는 모든 소유에 미친지라 주인이 그의 소유를 다 요셉의 손에 위탁하고 자기가 먹는 음식 외에는 간섭하지 아니하였더라 요셉은 용모가 빼어나고 아름다웠더라"_창세기 39:1-6

여기에 보십시오. 요셉은 종살이한다고 생각했는데 하나님께서는 요셉의 생각이나 감각을 초월해서 그와 같이 계심으로 그가 하는 모든 일을 형통케 하였다고 말씀하고 있는 것입니다. 형통의 하나님께서 요셉을 종의 자리에서도 형통케 하신 것입니다. 그래서 그는 가정 총무가 되었습니다. 그러나 그가 억울한 누명을 쓰고 또 감옥에 잡혀 들어갔습니다. 이런 불행이 어디에 있습니까? '왜 내게는 사망의 음침한 골짜기만 다가오느냐? 나는 왜 죽을 일만 당하느냐?' 그는 탄식했을 것입니다. 그런데 그가 시위대 감방에 갇혔을 때 그 감방에도 여호와야훼께서 따라 들어오신 것입니다. 우리 하나님은 주를 경외하는 자를 버리지 아니하시고 끝까지 따라 붙는 것입니다. 그래서 또 그 감방에서 요셉을 형통케 하십니다.

"여호와야훼께서 요셉과 함께 하시고 그에게 인자를 더하사 간수장에게 은혜를 받게 하시매 간수장이 옥중 죄수를 다 요셉의 손에 맡기므로 그 제반 사무를 요셉이 처리하고 간수장은 그의 손에 맡긴 것을 무엇이든지 살펴보지 아니하였으니 이는 여호와야훼께서 요셉과 함께 하심이라 여호와야훼께서 그를 범사에 형통하게 하셨더라"_창세기 39:21-23

여러분, 하나님께서는 우물 안에서도 요셉과 함께 하셨고 종살이를 할 때도 같이 계셨고 감옥에 들어갔을 때도 그곳에 계신 것입니다. 그래서 "내가 사망의 음침한 골짜기로 다닐지라도 해를 두려워하지 않을 것은 주께서 나와 함께 하심이라 주의 지팡이와 막대기가 나를 안위하시나이다"시 23:4라고 고백하고 있는 것입니다. 여기 시편 기자 다윗의 고백처럼 어느 곳을 가나 주님께서 형통케 해 주신 것입니다.

우리 예수를 믿는 사람들이 이 세상에서 사망의 음침한 골짜기를 지나지 않는다는 보장은 절대로 없습니다. 우리도 사망의 음침한 골짜기를 종종 지나게 되는 것입니다. 그러나 한가지 알아야 할 것은 절대로 내 형제나 부모나 친구가 다 나를 떠난다고 할지라도 주님은 그 사망의 골짜기에 나와 함께 하신다는 것입니다. 그러므로 주님의 지팡이와 막대기가 나를 안위하시고 나의 삶 전체에 주님의 능력으로 형통하게 해 주심을 알아야 합니다. 이것이 우리 예수 믿는 사람의 위대한 소망입니다. 눈에는 아무 증거 안 보이고 귀에는 아무 소리 안 들리고 손에는 잡히는 것이 없을지라도, 비록 사망의 음침한 골짜기에 들어가서 천지를 알아볼 수 없을지라도 그곳에 주님이 함께 계신다는 것입니다.

그다음 "주께서 내 원수의 목전에서 내게 상을 차려 주시고 기름을 내 머리에 부으셨으니 내 잔이 넘치나이다"시 23:5라고 다윗은 고백하는 것입니다. 원수는 나를 끊임없이 참소합니다. 있는 것 없는 것 다 가지고 나를 할퀴고 참소합니다. 그리고 망하게 하고 죽이려고 하는 것입니다. 그러나 우리 주님께서 우리와 같이 계시면 원수가 보는 앞에서 우리에게 진수성찬을 차려 주십니다. 원수가 보는 앞에서 우리에게 힘과 용기를 얻게 하십니다.

"여호와야훼는 내 편이시라 내가 두려워하지 아니하리니 사람이 내게 어찌할까 여호와야훼께서 내 편이 되사 나를 돕는 자들 중에 계시니 그러므로 나를 미워하는 자들에게 보응하시는 것을 내가 보리로다"_시편 118:6-7

여호와야훼께서 우리의 목자가 되시므로 원수 앞에서 언제나 내 편이 되어 주시는 것입니다. 주님이 내 편에 서서 역사하십니다.

그러므로 원수가 나를 칠 것이 아니라 여호와야훼를 쳐야만 나를 정복할 수 있는 것입니다.

"여호와야훼가 우리 하나님이신 줄 너희는 알지어다 그는 우리를 지으신 이요 우리는 그의 것이니 그의 백성이요 그의 기르시는 양이로다 감사함으로 그의 문에 들어가며 찬송함으로 그의 궁정에 들어가서 그에게 감사하며 그의 이름을 송축할지어다"_시편 100:3-4

하나님이 우리를 지으셨고 우리를 기르시기 때문에 원수의 목전에서 우리를 형통케 하시고 우리 머리에 기름을 발라 주시는 것입니다. 여러분, 기름 붓는다는 것은 특별히 구별하시는 것을 말합니다. 하나님이 기름 부어 구별해 놓은 사람들을 주께서 능력의 팔로 구원해 주시고 높여 주시는 것입니다.

"여호와야훼께서 자기에게 기름 부음 받은 자를 구원하시는 줄 이제 내가 아노니 그의 오른손의 구원하는 힘으로 그의 거룩한 하늘에서 그에게 응답하시리로다"_시편 20:6

"하나님이 이르시되 그가 나를 사랑한즉 내가 그를 건지리라 그가 내 이름을 안즉 내가 그를 높이리라 그가 내게 간구하니 내가 그에게 응답하리라 그들이 환난 당할 때에 내가 그와 함께 하여 그를 건지고 영화롭게 하리라 내가 그를 장수하게 함으로 그를 만족하게 하며 나의 구원을 그에게 보이리라 하시도다"_시편 91:14-16

우리 하나님은 원수의 목전에서 내게 진수성찬을 차리시고 기름으로 내 머리를 발라서 내 잔을 넘치게 하십니다. 여러분, 잔이 넘친다는 것은 만족하고 풍성한 축복을 말합니다. 원수 앞에서 파멸하는 것이 아니라 원수 앞에서 오히려 만족하고 풍성한 축복을 우리에게 주시겠다고 말씀한 것입니다. 하나님께서 은총을 베푸시는 것입니다.

"주의 구원이 그의 영광을 크게 하시고 존귀와 위엄을 그에게 입히시나이다 그가 영원토록 지극한 복을 받게 하시며 주 앞에서 기쁘고 즐겁게 하시나이다"_시편 21:5-6

우리는 이 사실을 바울과 실라의 빌립보 전도 사건을 통해서 잘 알 수 있습니다. 바울과 실라가 빌립보에서 복음을 전하다가 관원에게 잡혀서 많이 얻어맞았습니다.

"무리가 일제히 일어나 고발하니 상관들이 옷을 찢어 벗기고 매로 치라 하여 많이 친 후에 옥에 가두고 간수에게 명하여 든든히 지키라 하니 그가 이러한 명령을 받아 그들을 깊은 옥에 가두고 그 발을 차꼬에 든든히 채웠더니"_사도행전 16:22-24

복음을 증거하다가 잡혔으니 원수들에게 얼마나 많이 맞았겠습니까? 온몸이 피투성이가 되었습니다. 그리고는 빌립보 감옥에 끌려갔습니다. 그 깊은 감옥에 끌려가서 손발이 차꼬에 튼튼히 채워졌습니다. 몸에는 피가 흐르고 배는 고프고 쓰리고 습기는 차고 벌레는 기어 올라오고 손발이 차꼬에 묶였으니 드러누울 수도 없습니다. 그들은 매우 고통스러웠습니다. 원수들은 바울과 실라에게 손가락질을 했습니다. "너희 하나님이 어디에 살아 계시냐? 복음을 증거하다가 잡혀서 깊은 감옥에 들어가서 도울 자 없으니 잘 되었도다." 그러나 빌립보 감옥에 갇힌 바울과 실라는 그곳에서 원망이나 불평과 탄식을 하지 않았습니다.

"한밤중에 바울과 실라가 기도하고 하나님을 찬송하매 죄수들이 듣더라 이에 갑자기 큰 지진이 나서 옥터가 움직이고 문이 곧 다 열리며 모든 사람의 매인 것이 다 벗어진지라"_사도행전 16:25-26

그런데 그때 하나님께서 원수의 목전에서 진수성찬을 차리시는 것입니다. 하나님께서 원수들이 다 보는 앞에서 빌립보를 뒤흔들어서 옥 터가 흔들리고 모든 차꼬가 풀리고 모든 문이 다 열렸습니다. 그러자 거기에 있는 간수가 놀라서 뛰어 들어와서 "선생이여, 어찌하면 구원을 얻을 수 있습니까?"행 16:30라고 물었습니다. 바울이 말하기를 "주 예수를 믿으라 그리하면 너와 네 집이 구원을 받으리라"행 16:31고 말했습니다.

그날로 간수는 바울과 실라와 함께 자기 집으로 가서 목욕을 시키고 진수성찬을 차려서 대접했습니다. 그리고 바울과 실라에게서 복음을 듣고 세례침례를 받고 예수를 믿고 구원받았습니다. 바울과 실라는 이제 감옥에 있는 것이 아니라 간수의 집 안방에서 진수성찬을 대접받았습니다. 그다음 날 바울과 실라가 로마 사람인 줄 알게 된 지사가 재판도 안 하고 때려서 감옥에 가둔 사실이 들킬까 봐 겁이 나서 그곳에 직접 찾아와 바울과 실라를 도시 밖으로 내보냈습니다. 원수들이 바울과 실라를 죽이려고 했지만, 하나님께서는 원수의 목전에서 상을 베풀어 주시고 기름을 발라서 잔이 넘치게 하셨습니다. 그 결과, 빌립보에 교회가 튼튼하게 세워지고 하늘나라가 왕성하게 설 수 있게 된 것입니다.

여러분 마음이 불안하고 초조합니까? 그럴 때 우리는 어떻게 해야 할까요?

하나님이 우리와 항상 함께 계심을 알아야 함

어떤 경우에도 우리의 목자 되시는 하나님이 우리와 항상 함께 계신다는 것을 알아야 합니다. 예수님께서는 "나는 선한 목자라 선한 목자는 양들을 위하여 목숨을 버리거니와"요 10:11라고 말씀하셨습니다. 어떠한 환경에도 주님은 우리를 떠나지 않으신다는 것입니다.

아우슈비츠의 유대인 수용소 캠프에는 매일 수많은 유대인이 끌려와 가스실로 들어가서 처형을 당했습니다. 그 벽에는 이런 글이 쓰여 있었습니다. '구름으로 태양을 가려도 구름 위에 태양이 있는 것을 믿는 것처럼 지금은 환난과 고통 밖에는 없지만, 어딘가에 하나님이 우리와 같이 계신다.' 이 신앙 고백은 놀라운 고백입니다. 여러분, 구름이 아무리 하늘을 가려도 구름 위에 태양이 있는 것을 아는 것처럼 우리의 환경이 아무리 사망의 음침한 골짜기로 다닐지라도 그곳에 하나님이 우리와 같이 계신다는 것을 알아야 합니다.

요셉과 함께 계셨던 하나님이 우리와 24시간 늘 함께 계신다는 사실을 알고, 환경을 바라보고 두려워하지 말고 언제나 하나님을 생각하여 마음에 용기를 가져야 하는 것입니다.

"주 하나님이 이르시되 나는 알파와 오메가라 이제도 있고 전에도 있었고 장차 올 자요 전능한 자라 하시더라"_요한계시록 1:8

"돈을 사랑하지 말고 있는 바를 족한 줄로 알라 그가 친히 말씀하시기를 내가 결코 너희를 버리지 아니하고 너희를 떠나지 아니하리라 하셨느니라 그러므로 우리가 담대히 말하되 주는 나를 돕는 이시니 내가 무서워하지 아니하겠노라 사람이 내게 어찌하리요 하노라"_히브리서 13:5-6

그러므로 우리는 요셉이나 바울이 체험한 것처럼 어떠한 처지에 있더라도 절망하지 말아야 합니다. 왜 그렇습니까? 눈에 안 보여도 하나님이 함께 계시기 때문입니다. 마귀는 우리를 정복할 수 있어도 하나님을 정복하지 못합니다. 우리가 하나님의 손에 있으니 누가 우리를 빼앗을 수 있겠습니까?

하나님과 성도는 목자와 양의 관계임을 믿어야 함

하나님과 성도는 목자와 양의 관계임을 믿어야 합니다. 목자와 양의 관계에 있어 양은 목자를 믿고 따라만 가면 됩니다. 양은 어디에 푸른 초장이 있고 어디에 쉴 만한 물가가 있는지 찾을 수 없습니다. 그것은 목자만이 압니다. 양은 그저 목자를 바라보고 전폭적으로 믿고 따라가면 되는 것입니다.

"내 양은 내 음성을 들으며 나는 그들을 알며 그들은 나를 따르느니라 내가 그들에게 영생을 주노니 영원히 멸망하지 아니할 것이요 또 그들을 내 손에서 빼앗을 자가 없느니라"_요한복음 10:27-28

그러므로 우리는 하나님과 우리의 관계가 목자와 양의 관계라는 것을 알고 목자되신 하나님께서 우리를 끝까지 인도하고 지도하고 보호해 주신다는 사실을 마음에 믿어야 합니다. 우리는 우리 목자 되신 하나님만을 쳐다봐야 하는 것입니다.

하나님의 초월적인 섭리를 믿어야 함

우리는 하나님의 초월적인 섭리를 믿어야 합니다. 요셉을 보십시오. 하나님의 초월적인 섭리는 우리의 지혜를 초월합니다. 요셉은 애굽에 끌려갈 때 종으로 끌려간다고 생각을 했지만, 하나님의 초월적인 섭리는 그를 총리가 될 수 있는 훈련학교로 데리고 갔습니다. 그는 억울한 누명을 뒤집어쓰고도 너무 원통하고 답답하게 변명 한마디 못한 채로 보디발의 손에서 얻어맞고 난 다음 시위대 감옥에 들어갔습니다. 이제 그는 그곳에서 아무런 기약이 없습니다. 3년 동안 그곳에서 썩었습니다. 그러나 하나님께는 그 시위대 뜰이 국무총리로 올라가는 다음 단계였던 것입니다. 요셉은 몰랐습니다. 하나님의 섭리를 인간이 어떻게 압니까? 하나님의 지혜는 우리보다 높고 크십니다. 그래서 성경은 "저 하늘이 높음 같이 하나님의 지혜와 지식은 높다"라고 말씀한 것입니다 사 55:9. 우리는 하나님의 섭리를 읽어낼 수가 없습니다. 단지 하나님이 좋으신 하나님인 것을 안 이상 하나님께 그저 전폭적으로 내어 맡기면 되는 것입니다. 우리를 향한 크고 높은 계획을 갖고 계신 하나님을, 그 하나님의 초월적인 섭리를 믿어야 하는 것입니다.

저는 지금 우리 한국이 정치적으로 혼란스럽고 경제적으로 어려움이 다가오고 사회적으로는 국민들의 마음이 분분하지만, 제가 확실하게 아는 것 하나는 우리 한국에 5만 개의 제단이 있고, 10만 명의 주의 종들이 있고, 천만 성도가 있으므로 우리가 모두 주님께 부르짖어 기도할 때 하나님의 초월적인 섭리가 이 가운데 있다는 것입니다. 하나님께서 초월적으로 섭리하시기 때문에 인간의 지혜나 총명을 초월해서 내일의 희망을 품을 수 있는 것입니다. '하나님이 무언가 만들어 내어놓고 말 것이다. 하나님께서 새로운 개혁을 우리 정치계나 경제계에, 우리 사회에 주실 것이다. 주님은 우리의 지혜와 지식을 초월해서 하나님의 크고 비밀한 일을 나타낼 것이다'라고 말입니다. 우리는 하나님의 초월적인 섭리를 항상 믿어야 합니다. 나의 좁은 지혜나 지식을 믿고 내가 불안하고 초조해 하면 스스로 파멸합니다. 느긋한 마음을 품고 주님께 모든 것을 맡겨 버려야 하는 것입니다.

"아무 것도 염려하지 말고 다만 모든 일에 기도와 간구로, 너희 구할 것을 감사함으로 하나님께 아뢰라 그리하면 모든 지각에 뛰어난 하나님의 평강이 그리스도 예수 안에서 너희 마음과 생각을 지키시리라"_빌립보서 4:6-7

"수고하고 무거운 짐 진 자들아 다 내게로 오라 내가 너희를 쉬게 하리라"_마태복음 11:28

여러분, 마음을 평안히 하고 주님께 모든 것을 내어 맡겨야 합니다. 그러면 우리 하나님께서 모든 책임을 져주십니다. 우리는 하나님께 모든 것을 내어 맡기고 그 품에 기대어서 살기만 하면 되는 것입니다. 하나님의 초월적인 섭리를 믿고 하나님의 손길이 나타날 것을 기대하는 그런 믿음을 갖기만 하면 됩니다.

항상 긍정적으로 사물을 보아야 함

항상 긍정적으로 사물을 보아야 합니다. 주를 믿는 사람들은 부정적으로 사물을 보면 안 됩니다. 전지전능 무소부재하신 하나님이 나를 사랑하사 그 아들 예수를 보내시고 그분이 나를 위해 몸이 찢기고 피를 흘려 구원해 주신 이상 나는 하나님께 중요한 사람입니다. 그러므로 하나님께서 이유 없이 나를 파멸시키실 리가 만무합니다. 오히려 하나님은 나에게 좋은 것을 주십니다. 우리는 그것을 믿기만 하면 되는 것입니다.

"우리가 알거니와 하나님을 사랑하는 자 곧 그의 뜻대로 부르심을 입은 자들에게는 모든 것이 합력하여 선을 이루느니라"_로마서 8:28

좋은 일도 나쁜 일도, 기쁜 일도 슬픈 일도, 흥하는 것도 망하는 것도 하나님께서 합쳐서 종국에는 선하게 만들어 주신다는 것입니다. 그렇기 때문에 우리는 무조건 모든 것을 긍정적으로 보아야 합니다. 플러스 사고방식을 가져야 합니다.

여러분, 십자가를 바라보십시오. 십자가는 플러스 표입니다. 예수님을 끌어안으면 모든 것이 플러스가 된다는 것입니다. 예수님을 떠나면 마이너스 인생을 살지만, 예수님을 품에 안고서 살면 종국에 가서는 플러스가 되기에 우리는 마음속에 언제나 긍정적으로 생각을 해야 합니다.

지금 우리 국민의 가슴속에는 부정적인 생각이 꽉 들어차 있습니다. 우리의 대통령, 우리의 정치권, 우리의 노동자, 우리의 사용자, 우리의 사회에 대한 부정적인 생각이 꽉 들어차 있습니다. 그러나 우리는 여기에서 예수 그리스도의 십자가를 안고 긍정적인 생활을 해야 합니다. 왜냐하면 이 모든 소용돌이가 더 나은 내일을 만들기 위한 하나의 거대한 변역이라는 것을 우리가 알아야 하기 때문입니다. 그래서 정치권의 소용돌이, 경제계의 소용돌이, 사회적인 어려움 이런 것들이 지금은 고통스럽지만, 내일의 옥동자를 낳으려는 하나의 진통이라는 것을 알아야 하는 것입니다. 이 세상에 진통 없이 좋은 것은 만들어지지 않습니다. 그러므로 우리는 오늘의 이 고난이 내일의 더 위대한 삶의 창조를 위한 하나의 진통인 것을 알고 슬퍼할 것이 아니라 오히려 감사할 줄 알아야 합니다. 여러분, 오늘의 진통이 없이 어떻게 내일의 옥동자를 낳을 수가 있겠습니까?

우리는 말을 할 때 부정적으로 하지 말아야 합니다. 우리 하나님께서 가장 미워하는 것은 부정적인 말을 하는 것입니다. 요셉이나 바울이나 실라가 부정적인 생각을 하고 원망하고 탄식했으면 자살을 했거나 스스로 파멸하고 말았을 것입니다. 그러나 그들은 그런 극심한 환경에서도 꿈과 환상을 버리지 않았습니다. 긍정적인 삶의 자세를 취했습니다. 그렇기 때문에 하나님이 그들과 함께 역사할 수 있었던 것입니다. 그러니 여러분도 긍정적인 생각과 긍정적인 말과 긍정적인 행동을 하게 되시기를 주의 이름으로 축원합니다.

기뻐하며 살아야 함

우리는 기뻐하면서 살아야 합니다. 성경은 "주 안에서 항상 기뻐하라 내가 다시 말하노니 기뻐하라"빌 4:4고 말씀합니다. 왜 기뻐하느냐고요? 하나님이 살아 계시기 때문에 기뻐하는 것입니다. 한번은 마르틴 루터가 종교개혁을 하고 난 다음 너무나 쓰라린 핍박에 그만 낙심했습니다. 그래서 마르틴 루터가 식음을 전폐하고 낙담하고 있는데 그 부인이 상복을 입고 대청마루에 앉아서 땅을 치고 웁니다. "아이고, 아이고." 그러자 마르틴 루터가 깜짝 놀라 물

어봅니다.

"여보, 누가 세상을 떠났나요?"

"네, 세상을 떠났습니다."

"누가 떠났나요?"

"하나님이 세상을 떠났습니다. 아이고, 아이고."

"무슨 그런 망발을 합니까! 하나님이 왜 세상을 떠나요?"

부인은 정색을 하고는 남편을 쳐다보며 이야기합니다.

"하나님의 종된 당신이 이렇게 절망을 한 모습을 보니까요. 하나님이 세상을 안 떠나시고야 어떻게 하나님의 종이 지금처럼 절망을 합니까? 당신의 절망하는 모습을 보고 하나님이 세상을 떠나신 줄 알고 지금 상복을 입고 통곡하고 있지 않습니까?"

그 말에 마르틴 루터가 깨달았습니다.

"여보, 당신 말이 맞아요. 하나님은 살아 계세요. 하나님이 살아 계시는데 내가 어떻게 절망할 수 있겠어요."

그리고 마르틴 루터는 일어났습니다. 그 후 그는 종교재판이 진행되는 곳을 향해 "내 주는 강한 성이요 방패와 병기되시니 큰 환난에서 우리를 구하여 내시리로다……" 찬송을 용감하게 부르며 나갔습니다.

그러므로 우리는 주 안에서 기뻐해야 합니다. 주님께서 세상을 떠나셨으면 상복을 입고 초상을 치르십시오. 그러나 주님이 살아 계신 이상은 주님께서 우리를 돌보아 주시는 것입니다. 참새 한 마리도 하나님의 허락 없이는 땅에 떨어지지 않습니다. 하나님이 우리의 머리털 하나까지 다 세신 바 되었다고 했는데 왜 기뻐하지 않겠습니까? 여러분, 우리 눈에는 아무 증거 안 보이고 귀에는 아무 소리 안 들리고 손에는 잡히는 것이 없어도 우리는 주 안에서 기뻐해야 되는 것입니다.

마음이 불안하고 초조할 때 다윗의 신앙 고백은 우리에게 큰 위로와 능력을 줍니다. 우리는 이러한 기회에 하나님을 더욱 깊이 알고 체험할 수 있습니다. "내가 사망의 음침한 골짜기로 다닐지라도 해를 두려워하지 않을 것은 주께서 나와 함께 하심이라 주의 지팡이와 막대기가 나를 안위하시나이다 주께서 내 원수의 목전에서 내게 상을 차려 주시고 기름을 내 머리에 부으셨으니 내 잔이 넘치나이다" 시 23:4-5 다윗의 이 노래를 우리가 항상 부르면서 불안과 초조를 이기고, 하나님과 함께 승리의 행진을 하게 되시기를 주님 이름으로 축원합니다.

기도

　전능하시고 거룩하신 아버지 하나님, 우리는 현재 개인적으로나 국가적으로 불안하고 초조하지만, 비록 우리가 사망의 음침한 골짜기로 지나는 것 같고 사방을 원수에게 둘러싸여 있는 것 같지만 하나님이 같이 계심으로 우리가 넉넉히 이기게 됨을 감사합니다. 환난이나 곤고나 적신이나 위험이나 기근이나 칼이나 이 모든 일에 우리를 사랑하는 주님으로 말미암아 우리가 넉넉히 이긴다고 말씀하셨사오니 우리 아버지여 주를 바라보고 기뻐하게 도와주시옵소서. 즐거워하게 도와주시옵소서. 오늘은 거룩한 성찬일입니다. 아버지 하나님, 우리를 이처럼 사랑하사 그리스도의 몸을 깨서 양식으로 주시고 피를 흘려서 음료로 주실 지경인데 어찌 우리 하나님이 우리를 잊을 수가 있겠습니까? 그 아들을 우리에게 주신 이가 그 아들과 함께 무엇을 우리에게 주지 않겠습니까. 성경은 말씀하고 있습니다. 아버지여 오늘 주를 바라보고 불안과 공포와 초조를 이기고 기쁨으로 나아가게 도와주시옵소서. 예수님의 이름 받들어 기도합니다. 아멘.

요약

1. 하나님이 우리와 항상 함께 계심을 알아야 함

구름이 아무리 하늘을 가려도 구름 위에 태양이 있는 것을 아는 것처럼 우리의 환경이 아무리 사망의 음침한 골짜기로 다닐지라도 그곳에 하나님이 우리와 같이 계신다는 것을 알아야 합니다. 요셉과 함께 계셨던 하나님이 우리와 24시간을 늘 함께 하신다는 사실을 알고 환경을 바라보고 두려워하지 말고 늘 하나님을 생각하여 마음에 용기를 가져야 합니다.

2. 하나님과 성도는 목자와 양의 관계임을 믿어야 함

목자는 푸른 초장과 쉴만한 물가가 어디에 있는지 잘 알고 있습니다. 우리는 하나님과 우리의 관계가 목자와 양의 관계라는 것을 알고 목자되신 하나님께서 우리를 끝까지 인도하시고 지도하고 보호해 주신다는 사실을 마음에 믿어야 합니다.

3. 하나님의 초월적인 섭리를 믿어야 함

우리는 하나님의 섭리를 읽어낼 수가 없습니다. 그러나 우리는 하나님이 좋으신 하나님인 것을 안 이상 우리 하나님께 그저 전폭적으로 내어 맡기면 됩니다. 우리를 향한 크고 높은 계획을 갖고 계신 하나님을, 그 하나님의 초월적인 섭리를 믿어야 합니다.

4. 항상 긍정적으로 사물을 보아야 함

우리는 무조건 모든 것을 긍정적으로 보아야 합니다. 플러스 사고방식을 가져야 합니다. 전능하신 하나님이 나를 사랑하셔서 예수님을 십자가에 보내실 만큼 나는 하나님께 중요한 사람이기 때문에 하나님은 나에게 좋은 것을 주십니다. 그러므로 하나님께서 이유 없이 나를 파멸시킬 리가 만무하고, 오히려 나에게 좋은 것을 주십니다. 예수님을 끌어안으면 모든 것이 플러스가 되지만 예수님을 떠나면 마이너스가 됩니다. 예수님을 품에 안고 살면 종국에 가서는 플러스가 되기에 언제나 긍정적으로 생각을 해야 합니다.

5. 기뻐하며 살아야 함

하나님은 살아 계셔서 이 세상 만물을 돌보십니다. 하물며 참새 한 마리도 하나님의 허락 없이는 땅에 떨어지지 않습니다. 하나님이 우리의 머리털 하나까지 다 세신 바 되었다고 했는데 왜 기뻐하지 않겠습니까? 우리 눈에는 아무 증거 안 보이고 귀에는 아무 소리 안 들리고 손에는 잡히는 것이 없어도 우리는 주 안에서 기뻐해야 합니다.

엘리사가 이르되 여호와야훼의 말씀을 들을지어다 여호와야훼께서
이르시되 내일 이맘때에 사마리아 성문에서 고운 밀가루 한 스아를
한 세겔로 매매하고 보리 두 스아를 한 세겔로 매매하리라 하셨느니라
그 때에 왕이 그의 손에 의지하는 자 곧 한 장관이 하나님의 사람에게
대답하여 이르되 여호와야훼께서 하늘에 창을 내신들 어찌 이런 일이
있으리요 하더라 엘리사가 이르되 네가 네 눈으로 보리라 그러나 그것을
먹지는 못하리라 하니라 성문 어귀에 나병 환자 네 사람이 있더니
그 친구에게 서로 말하되 우리가 어찌하여 여기 앉아서 죽기를 기다리랴
만일 우리가 성읍으로 가자고 말한다면 성읍에는 굶주림이 있으니
우리가 거기서 죽을 것이요 만일 우리가 여기서 머무르면 역시 우리가
죽을 것이라 그런즉 우리가 가서 아람 군대에게 항복하자 그들이 우리를
살려 두면 살 것이요 우리를 죽이면 죽을 것이라 하고 아람 진으로
가려 하여 해 질 무렵에 일어나 아람 진영 끝에 이르러서 본즉
그 곳에 한 사람도 없으니 이는 주께서 아람 군대로 병거 소리와
말 소리와 큰 군대의 소리를 듣게 하셨으므로 아람 사람이
서로 말하기를 이스라엘 왕이 우리를 치려 하여 헷 사람의 왕들과
애굽 왕들에게 값을 주고 그들을 우리에게 오게 하였다 하고
해질 무렵에 일어나서 도망하되 그 장막과 말과 나귀를 버리고
진영을 그대로 두고 목숨을 위하여 도망하였음이라
그 나병 환자들이 진영 끝에 이르자 한 장막에 들어가서
먹고 마시고 거기서 은과 금과 의복을 가지고 가서 감추고
다시 와서 다른 장막에 들어가 거기서도 가지고 가서 감추니라

열왕기하 7:1-8

소망의 하나님

1997년 6월 22일

소망의 하나님
<1997년 6월 22일>

　오늘 저는 여러분과 함께 '소망의 하나님'이라는 제목으로 말씀을 나누고자 합니다. 구약시대 엘리사 때에 아람 왕 벤하닷이 요람왕이 다스리던 북이스라엘의 수도 사마리아를 둘러싸매 사마리아의 성내에 기근이 극에 달하여 자기 자식을 잡아서 삶아 먹는 비극적인 상황에 이르게 되었습니다.

　그때 하나님의 선지자 엘리사는 왕의 사자에게 "내일 이맘때면 성문에 밀가루와 보리가 넘쳐나서 싼값에 매매가 될 것이오"라고 예언을 했습니다. 왕의 한 장관이 그 말을 듣고 비웃어 말하되 "여호와야훼께서 하늘에 창문을 내신들 어찌 이러한 일이 있으리요"

라고 말하자, 엘리사는 "당신이 눈으로 그것을 보기는 하겠지만 먹지는 못할 것이오"라고 말했습니다.

당시 온 성은 굶주렸고 성문은 꽝꽝 닫혔는데, 성문밖에는 네 명의 나병 환자가 앉아 있었습니다. 그들은 전신이 나병에 걸려 손과 발가락이 떨어져 나가고 코가 문드러졌습니다. 그들은 고통 중에 있었습니다. 그런데도 그들은 서로 의논했습니다. "우리가 성안에 들어간들 굶주림으로 함께 죽을 것이다. 또한 이 자리에 앉아 있어도 굶주려 죽을 것이니 일어나 아람 진영으로 가서 항복하자. 살려주면 살고 죽이면 죽자. 우리의 희망은 그곳 밖에 없으니 희망의 빛이 희미하게라도 있는 그곳을 향해서 나아가자."

그래서 그들은 자리에서 일어나 넘어지면 다시 일어나고, 기어가다가 걸어가길 반복하면서 아람 진영을 향해 나아갔습니다. 그때 하나님께서 그들과 함께 행진하셨습니다. 아람 진영에서 군마 소리와 병거 소리와 사람들의 소리를 듣게 하셔서 그들이 저녁에 밥을 짓다가 다 내버려 두고 걸음아 날 살려라 도망을 쳤습니다. 그들은 미처 신발을 신을 여유도 없고 허리띠를 두를 시간도 없이 신발을 길거리에 벗어 던지고 허리띠를 풀어놓은 채 옷까지 벗어 던지고 도망을 치고 말았습니다.

나병 환자들이 아람 진영에 들어가 보니 그곳에는 적군이 하나도 없습니다. 그들은 천막에 들어가 모든 것을 실컷 먹고 은, 금을

소망의 하나님 173

숨기고 난 후, 이 사실을 성에 들어가서 알렸습니다. 왕이 사람을 보내서 조사해 보니 사실인 즉, 성문을 열어 온 백성이 나와 모든 물건을 약탈했습니다. 그리고 곧장 성문 밖에서 밀가루와 보리가 싼값에 매매되었습니다. 그러나 군중을 정리하려고 나와서 애쓰던 장관은 사람들에게 밟혀 죽어 눈으로 보고도 먹지는 못했습니다.

이 사건에는 하나님께서 우리에게 시사하며 가르쳐주는 점이 많습니다. 이스라엘이 그 무서운 굶주림에서 구출 당한 것은 장군으로 말미암은 것도 아니요, 임금으로 말미암은 것도 아니요, 군대로 말미암은 것도 아니요, 부자나 학자로 말미암은 것도 아니라 네 사람의 비참한 나병 환자에 의해서 구출 받은 것입니다.

왜 그럴까요? 성안에 있는 모든 사람은 희망을 저버렸습니다. "이제 우리는 희망이 없다. 이제 이 자리에서 다 굶어 죽을 수밖에 없다"라고 말하며 절망 상태에 빠져 있었습니다. 그러나 여기 네 사람의 나병 환자는 희망을 향해서 나아갔습니다 "우리가 성안에 들어가면 굶어 죽을 것이요, 여기 있어도 죽을 것이다. 그렇다면 희망이 있는 아람 진영으로 나아가자." 그때 그들은 희망을 향한 행진을 시작한 것입니다.

하나님은 희망을 향해서 긍정적인 자세를 가지고 나가는 사람과 동행해 주십니다. "우리는 못 한다. 안 된다. 할 수 없다. 이제는 죽었다"라고 말하며 절망에 처해 있는 이스라엘의 모든 사람과 동행하지 않으셨습니다. 작고 희미한 빛이라도 그 희망이 있는 곳을 향해서 긍정적이고 적극적인 생각을 가지고 희망을 가슴에 품고 전진하는 나병 환자들과 하나님이 함께 행진하여 주셔서 위대한 해방과 자유와 풍부함을 주신 것입니다. 이렇듯 인생이란 희망을 향해 뛰는 경주입니다.

하나님께서 예정하신 나의 삶에 대한 뜻을 알아야 함

우리 희망이 성취되기 위해서는 하나님께서 예정하신 나의 삶에 대한 뜻을 분명히 알아야 합니다. 하나님의 뜻을 알지 못하면 아무리 뛴다 한들 희망에 도달할 수 없습니다. 우리가 하나님께서 계획하신 길을 떠나서 내 뜻대로 삶의 길을 개척하려고 할 때 우리는 고통과 좌절을 맛보게 되는 것입니다. 하나님께서 아담을 위해서 에덴동산을 예비하시고 얼마나 큰 축복을 주셨습니까? 하나님의 뜻은 아담이 하나님을 믿고 순종하고 섬기면 하나님이 주신 지구를 다 다스리게 만들어 놓는 것이었습니다. 이것이 하나님의 뜻입니다. 그런데 아담이 하나님의 뜻을 저버리고 마귀의 꾀임에 빠져서 자기의 탐욕을 쫓았습니다. 하나님을 불신하고 불순종하며 자기중심으로 살겠다고 하나님을 배반하자 그들의 길은 어둡고 캄캄한 절망이 되었습니다.

성경에 보면 아브라함이 나이 75세에 하나님의 뜻을 알자마자 그의 앞에 거대한 희망의 세계가 펼쳐졌습니다. 그는 75세에 가나안 땅에서 출발하여 이스라엘 민족의 조상이 되는 큰 희망의 세계를 열어 놓았습니다. 모세는 81세가 되었어요. 이제는 죽을 날이 가까운 그때, 하나님을 만나고 희망을 얻었습니다. 마음속에 희망의 불꽃이 타오르자 지팡이 하나 들고 애굽에 건너가서 430년 동안 종살이하던 이스라엘 백성을 인도하여 광야를 통과해 젖과 꿀이 흐르는 땅으로 이끌어 나가는 위대한 지도자가 된 것입니다.

이처럼 우리는 하나님께서 예비하신 그 길을 걸어갈 때 희망이 있습니다. 하나님께서 예비하신 길을 걸어가면 하나님이 함께해 주시고 붙들어 주기 때문에 어떠한 어려움도 이기고 희망을 성취할 수 있습니다. 하나님께서 우리를 위하여 예비하신 길이 있습니다. 성경에 "하나님이 자기를 사랑하는 자를 위해서 예비해 놓은 모든 것"고전 2:9이라고 말씀하셨는데 이것은 하나님께서 우리 한 사람 한 사람이 세상에 태어날 때부터 우리를 위해 예비하신 뜻이 있다고 하는 것입니다. 그래서 우리가 하나님의 뜻을 간절히 찾고 하나님의 뜻에 따라서 살 때 희망이 있는 것입니다.

그러나 하나님의 뜻을 저버리고 나면 희망이 없습니다. 우리를 향한 하나님의 가장 근본적인 뜻은 모든 사람이 예수를 믿고 구원을 얻는 것입니다. 그런데 이 땅에서 예수를 저버리고 저항하고 믿지 않고 하나님의 뜻을 저버리면 우리의 인생은 이 땅에 살면서 행복과 기쁨도 얻을 수가 없습니다. 희망이 없습니다. 어디서 와서 왜 살며 어디로 가는지 모르고 방황하다가 죽을 따름인 것입니다. 그러므로 예수를 믿고 구원받는 것은 하나님의 뜻입니다. 우리 한 사람 한 사람이 하나님을 간절히 찾으며 하나님이 우리 각 사람에게 나누어 주신 하나님의 뜻이 무엇인지를 분명히 알고 그 뜻대로 살아갈 때 희망이 넘쳐나는 것입니다. 그때, 하나님은 계속해서 우리가 희망의 삶을 살아갈 수 있도록 힘을 허락하여 주시는 것입니다.

하나님의 뜻을 성취하기 위해 충성되고 정직하게 나아가야 함

우리가 하나님의 뜻을 알았으면 희망의 고지를 향해 전력으로 노력해야 하는 것입니다. 노력하지 않고 가만히 앉아서 희망에 도달한 사람은 없습니다. 하나님의 뜻을 알았으면 아침에 일찍 일어나고 저녁에 늦게 누울 때까지 열심히 희망을 잡아야 합니다. 그렇다고 해서 수단과 방법을 가리지 말고 뛰라는 것은 아닙니다. 우리가 희망을 향해서 뛸 때 정직하게 살아야 평탄한 길을 이어갈 수 있는 것입니다.

어떤 사람은 '부정과 부패를 해야 잘 산다. 정직하게 살면 손해 본다'라고 생각을 하지만, 부정직하게 살고 불의와 부정을 행하면 그 끝에는 반드시 벼랑이 있습니다. 올무가 있습니다. 가시밭과 같은 험한 길이 있습니다. 오직 정직한 길에 평탄한 삶이 있는 것입니다. 우리가 적게 먹더라도 정직하게 살면 그 길이 평탄하고 평안한 것입니다. 부정과 부패, 불의와 부정직을 가지고서 희망을 성취하려고 하면 희망에 도달하지도 못하고 결과도 파탄 나서 결국 깊은 수렁에 빠집니다.

요사이 계속해서 들려오는 '한보사태'를 보십시오. 한보철강의 정태수 회장은 자신들이 거대한 강철 왕국을 세우겠다는 희망을 품고 나아갔지만, 결국 부정과 부패와 부정직한 길로 걸어가려고 하다가 낭패와 실망을 당하고 올무에 걸리고 가시밭길에 찔렸습니다. 심지어 혼자만 낭패 본 것이 아니라 그와 함께 걸어간 수많은 사람을 좌절과 절망에 빠지게 했습니다. 그러므로 정직하게 살아가는 곳에 희망의 길이 있는 것입니다.

그뿐만 아니라 희망을 향해 나갈 때는 성실하게 끝까지 책임을 다하는 사람이 되어야 합니다. '용두사미龍頭蛇尾'라는 말이 있습니다. 처음에는 거창스럽게 시작했다가 끝은 완전히 희미해져 버린다는 것입니다. 무엇이든지 처음부터 끝까지 한결같이 책임지고 열심을 다하는 사람이 희망에 도달할 수 있습니다.

우리 한국의 상품이 외국에 가서 제값을 받을 수 없는 것은 우리가 겉은 번지르르하게 잘 만드는 것 같은데 모든 물건이 성실하게 끝마무리가 되지 않기 때문입니다. 단추가 떨어지고 기계가 일찍이 부서지고 깨어지기 때문에 온전한 값을 받지 못하는 것입니다. 나는 외국에서 한국 제품들을 사서 쓰다가 실망한 사람들이 말하는 것을 많이 들었습니다. 많은 사람이 "다시는 한국의 자동차 안 사겠다. 한국의 레인지 안 사겠다"라고 합니다. 그 이유는 사면 고장 나고, 고치면 또 금방 고장이 나서 나중에는 배보다 배꼽이 더 커지는 어려움을 겪었다는 것입니다.

왜 그럴까요? 한국의 기술자들이, 또 산업 생산업자들이 성실하게 물건을 만들지 않기 때문인 것입니다. 그들이 끝까지 행복하고 희망찬 경제를 건설하기 위해서는 충실하게 책임을 다해야 합니다. 그렇게 할 때 비로소 모든 세계 사람들 앞에서 축복받을 수가 있습니다. 우리가 희망 위에서 뛰어갈 때는 근면해야 합니다. 열심히 일하지 않고서 희망에 도달할 수 있습니까?

"너희 모든 성도들아 여호와야훼를 사랑하라 여호와야훼께서 진실한 자를 보호하시고 교만하게 행하는 자에게 엄중히 갚으시느니라"_시편 31:23

요즘 세대는 할 수만 있으면 일을 안 하려고 합니다. '이건 내 부서에 속한 것이 아니다. 저건 저 부서에 속한 일이다.' 이런 생각으로 일을 공 같이 발로 차버리면서 돈은 많이 받고 싶어 합니다. 우리는 지금 이러한 시대에 살고 있습니다. 그러나 이런 사람은 절대로 희망에 도달하지 못합니다. 희망에 도달하는 사람은 자기 일을 열심히 하는 것은 물론이고 다른 사람의 일까지 맡아서 합니다. 오 리를 가자고 하면 십 리를 가고 속옷을 달라고 하면 겉옷까지 주는 이러한 충성심을 가지고 일을 해야 성공할 수가 있고 희망에 도달할 수 있는 것입니다.

이솝 우화 『개미와 베짱이』를 보면, 베짱이는 여름에 늘 놀다가

추운 겨울이 다가오면 먹을 것이 없어 개미의 집에 가서 동냥합니다. 하지만 개미는 여름에 늘 땀 흘리며 양식을 모아 두었기에 눈이 오는 추운 겨울 따뜻한 집에서 여름 내내 모아 둔 양식을 먹습니다. 이 이야기를 통해 알 수 있듯 근면하고 부지런해야 희망에 도달할 수 있는 것입니다. 그리고 희망에 도달하기를 원하는 사람은 하나님과 사람 앞에서 충성스러워야 합니다. 사람이 좋을 때는 웃고 조금만 나쁘면 배반하는 이러한 사람은 인격적인 파탄에 이른 사람이요, 희망에 도달할 수가 없는 것입니다.

한 가지 일을 시작했다면 끝까지 충성스러워야 합니다. 자기가 소속한 단체에 충성스러워야 하고, 자기를 부르신 사명에 충성스러워야 하고, 또 자기가 속한 곳에 있는 사람에게 충성스러워야 하는 것입니다. 사람들에게 충성스럽지 못하면 그 사람은 언제나 믿을 수 없는 사람이 되고 버림받은 사람이 되어서 아무도 그 사람에게 일을 맡기지 않을 것입니다. 더구나 우리 예수 믿는 사람은 우리 하나님께 충성스러워야 합니다. 하나님이 우리를 부르셨음에 우리는 하나님에 대한 믿음을 끝까지 충실하게 지키고 이 세상에 속해서 하나님을 배반하고 배척하는 그런 일은 하지 말아야 하는 것입니다. 우리가 푯대를 향하여 그리스도 예수 안에서 하나님이 부르신 부름의 상을 위하여 열심히 충성스럽게 좇아갈 때 비로소 성공에 이르게 되고 희망을 성취할 수 있는 것입니다.

여러분, 하나님의 뜻을 매일같이 구하고 찾고 두드려서 하나님의 뜻을 알았다면, 정직하게 성실하게 근면하게 충성스럽게 나아가야 합니다. 그러면 반드시 희망에 도달할 수가 있는 것입니다.

하나님에 대한 강한 믿음을 가져야 함

우리가 희망에 도달하기 위해서는 마음속에 강한 신념이 있어야 합니다. 희망으로 가는 길에는 수많은 시련이 있습니다. 그것을 극복하기 위해서는 하나님께 대한 강한 믿음이 있어야만 합니다. 믿음 없이 희망을 향하여 나아가다가 조그마한 어려움과 고통을 당하면 좌절하고 주저앉아 버리고 뒤로 물러나 버리면 아무 일도 성취할 수 없는 것입니다.

여러분, 이스라엘 백성이 젖과 꿀이 흐르는 가나안 땅 문턱에 왔다가 물러갔습니다. 가데스 바네아에 와서 한 발자국만 더 들어가면 젖과 꿀이 흐르는 희망의 땅에 들어갈 수 있는데, 희망의 한 발자국을 두고서 그들은 좌절했습니다. 열두 정탐꾼을 보내어 사십 주 사십 야 동안 그 땅을 정탐하게 했는데, 정탐꾼 열 명이 희망이 아닌 절망적인 보고를 한 것입니다. "우리가 본 땅은 골은 깊고 성벽은 하늘을 찌를 듯이 높고 그곳에 사는 사람들은 네피림의 후손 아낙 자손 대장부라. 우리가 보기에는 우리가 메뚜기같이 보이더라. 우리가 그 성을 점령하지 못해 우리 처자가 다 사로잡힐 것이다. 그러므로 우리 장관을 세워 애굽으로 돌아가자." 절망적인 말과 절망적인 생각을 하여 절망적인 보고를 했습니다. 이 말을 들은 이스라엘 백성은 물을 쏟은 듯이 낙심했습니다. 그들은 절망하여 통곡하고 울었습니다.

그때 희망적인 보고를 한 사람은 여호수아와 갈렙입니다. 그들은 백성을 인도하여 말하기를 "아니다. 우리가 본 땅은 진실로 젖과 꿀이 흐르는 땅이더라. 그 백성은 우리의 밥이라. 그들의 보호자는 떠났으니 들어가서 점령하자"라고 했습니다.

하지만 희망적인 보고를 하는 여호수아와 갈렙을 이스라엘 백성은 돌을 들어 쳐 죽이려고 했습니다. 그때, 하늘에서 하나님의 영광이 나타나 절망적인 보고를 한 사람들을 앞으로 나오라고 한 다음, 그들을 그 자리에서 죽였습니다. 그리고 희망을 잃어버리고 절망적인 말을 한 모든 백성은 40년 동안 광야를 돌며 그곳에서 멸절할 때까지 광야 생활을 했습니다. 그러나 희망을 선포한 여호수아와 갈렙은 후손들을 데리고 젖과 꿀이 흐르는 가나안 땅으로 들어가게 하셨습니다.

여러분, 하나님께서는 희망을 저버린 사람과 절망적인 말을 하는 사람을 광야에서 살게 만드십니다. 오직 희망의 빛을 향하여 나가는 사람에게만 젖과 꿀이 흐르는 가나안 땅을 허락하여 주시는 것입니다. 희망을 향해 나갈 때 여러 가지 장애물이 생겨납니다. 그러나 우리는 그 장애물을 용감하게 대적하고 담대하게 극복을 해야 하는 것입니다.

1864년에 덴마크는 프로이센과 오스트리아 연합군과 전쟁을 했다가 패했습니다. 그래서 남부의 아주 기름진 세르비아와 홀슈타인 두 주를 빼앗겨 버렸습니다. 이제 덴마크 사람은 먹고살 땅이 없습니다. 북부의 광막한 유틀란드 반도가 있지만, 거기에는 나무 한 그루 풀 한 포기도 자라지 않습니다. 바람이 북극에서 불어오고 눈 서리가 치는데 뭐가 되겠습니까? 이제 전쟁에 패했으니 배상금도 물어야 하고 나라의 산업은 파탄에 이르게 되었습니다. 군대에서 돌아온 사람은 일거리가 없어 낮에도 술을 먹고 술주정하고 아낙네들은 외국인에게 몸을 팔아야 먹고 사는 비극적인 상황에 부딪혔습니다. 희망을 잃어버렸습니다.

이런 절망적인 상황에서 두 사람이 덴마크를 구했습니다. 그 처음 사람이 '그룬트비' 목사입니다. 그룬트비 목사는 "일어나서 우리가 하나님을 사랑하자, 나라를 사랑하자, 자연을 사랑하자"라는 삼회운동을 일으켰습니다. 절망에 처한 농어촌마다 성경학교를 세우고 농민학교에서 성경을 가르치면서 하나님 말씀으로 그들에게 희망을 북돋웠습니다.

또 다른 사람 한 사람은 예비역 공병 대령인 '엔리코 달가스'입니다. 그가 나와서 "밖에서 잃은 국토 안에서 찾자, 밖에서 잃어버린 우리의 광막한 유틀란드 반도를 개간하자"라고 말했습니다. 그때 그들에게 말할 수 없는 시련이 있었습니다. 그곳은 늪지가 있고 썩은 물이 고여 있었습니다. 찬 바람이 불고 눈 서리가 치는데 어떻게 농사가 되겠습니까? 그럼에도 불구하고 그는 수많은 난관을 무릅쓰고 나무를 심었습니다. 나무는 심는 대로 죽었습니다. 그러나 그는 포기하지 않고 육종을 하고 또 육종을 해서 결국에는 무서운 추위에도 견뎌낼 수 있는 전나무를 발견했습니다.

해변에 전나무를 심고 모든 밭에 전나무를 심어서 방풍림을 했습니다. 북극에서 불어온 바람을 막으니 서리가 그치고 얼음이 그치자 늪지대를 퍼내고 농사를 지었습니다. 그는 100년 이내에 덴마크를 세계에서 제일 잘 사는 부유한 낙농국으로, 공업국으로 만들어 놓았습니다.

그들에게 이겨낼 수 없는 견디지 못할 난관이 많았습니다만 하나님을 의지하고 지칠 줄 모르는, 낙심할 줄 모르는 신념을 가지고 기도하며 나아간 결과로 오늘날 덴마크는 지상 낙원으로 변화되고 만 것입니다.

사랑하는 성도 여러분, 히브리서 13장 5절로 6절에 말씀하기를 "그가 친히 말씀하시기를 내가 결코 너희를 버리지 아니하고 너희를 떠나지 아니하리라 하셨느니라 그러므로 우리가 담대히 말하되 주는 나를 돕는 이시니 내가 무서워하지 아니하겠노라 사람이 내게 어찌하리요"라고 했습니다. 두 눈에는 아무것도 안 보이고 귀에는 아무 소리 안 들리고 손에는 잡히는 것이 없어도 강하고 담대하게 하나님을 믿고 역경을 극복하고 나가는 사람만이 희망에 도달할 수가 있는 것입니다. 역경을 보고 뒤로 물러가고 주저앉아 버리고 부정적으로 되고 낙심하고 탄식하는 사람은 광야로 들어가서 그곳에서 소멸되어 버리고 맙니다.

인내해야 함

우리가 희망을 향해서 나갈 때 인내할 줄 알아야 합니다. 희망은 하루아침에 다가오지 않습니다. 오래 참는 사람에게 희망이 다가옵니다. 여러분, 성경에 아브라함은 75세에 후사의 약속을 받았으나 가나안 땅에 가서 장장 25년의 세월이 지나 100세가 될 때까지 기다렸습니다. 아들을 주겠다고 하신 하나님이 100세가 되도록 안 주셔도 낙심하지 않고 기다린 결과 아브라함은 100세에 아들을 얻었으니 그가 이삭이었고 그 후손을 통해서 이스라엘이 생겨난 것입니다. 여러분, 인간의 생각으로 '이젠 다 끝났다'라고 생각해도 끝난 것 아닙니다. 끝까지 참아야 합니다.

"아브라함이 바랄 수 없는 중에 바라고 믿었으니 이는 네 후손이 이 같으리라 하신 말씀대로 많은 민족의 조상이 되게 하려 하심이라 그가 백 세나 되어 자기 몸이 죽은 것 같고 사라의 태가 죽은 것 같음을 알고도 믿음이 약하여지지 아니하고 믿음이 없어 하나님의 약속을 의심하지 않고 믿음으로 견고하여져서 하나님께 영광을 돌리며 약속하신 그것을 또한 능히 이루실 줄을 확신하였으니 그러므로 그것이 그에게 의로 여겨졌느니라"_로마서 4:18-22

우리 이웃 나라 일본의 역사를 보면 16세기에서 17세기에 걸쳐서 일본의 열도를 통일한 세 장군이 있습니다. 그런데 이들의 인품을 보면 참으로 재미있습니다. 한 사람은 '오다 노부나가'라는 장군이고, 또 한 사람은 '도요토미 히데요시'이고, 또 다른 한 사람은 '도쿠가와 이에야스'인데 그들에게 똑같은 질문을 했습니다. "두견새가 울지 않을 때 어떻게 하겠느냐?" 오다 노부나가 장군은 "울지 않는 두견새는 모가지를 칼로 잘라서 죽여버린다"라고 했습니다. 그런데 이 오다 노부나가는 일본을 거의 통일했으나 성격이 너무 사납고 거칠어서 그 부하가 반란을 일으켜 결국 자살하고 말았습니다. "울지 않는 두견새는 목을 잘라 죽여버린다"라는 이 사람은 결국 배반당하고 자기 스스로가 목숨을 끊은 것입니다.

그다음 그 뒤를 이은 사람이 도요토미 히데요시로 조선시대에 임진왜란을 일으켜 우리나에에 참으로 많은 고통을 가져온 사람입니다. 이 사람은 "두견새가 울지 않으면 어떻게 할 것이냐?"라고 물었을 때 뭐라고 말했나 하면 "두견새가 울지 않으면 강제로라도 울게 만들겠다"라고 했습니다. 그는 인간의 수단과 방법을 다 사용했습니다. 하지만 그는 오다 노부나가의 뒤를 이어서 일본 전국을 통일했으나 곧장 죽고 말았습니다. 그래서 그도 결국 자기의 꿈을 펼치지 못했습니다.

그러나 세 번째, 도쿠가와 이에야스는 지금 일본 동경으로 수도를 옮기고 300년 동안 막부 정권을 세운 사람입니다. 이 사람은 "두견새가 울지 않으면 어떻게 할 것이냐?"라고 물었을 때 "울 때까지 기다리겠다. 하루도 좋고 이틀도 좋고 열흘도 좋고 한 달 혹은 1년도 좋다. 두견새가 울 때까지 나는 기다리겠다"라고 했습니다. 이 도쿠가와 이에야스는 동시대 세 사람 장군 가운데 전 일본을 통일하고 300년 동안 일본을 다스리는 기초를 세웠습니다.

보십시오. 똑같은 상황이라도 울지 않으면 모가지를 잘라버리겠다는 사람과 안 울면 강제로 울리겠다는 사람과 안 울면 울 때까지 기다리겠다는 사람 중 결국에는 기다리는 사람이 이기는 것입니다.

여러분, 제가 많은 가정의 신앙 카운슬링을 합니다. 부부간에 정이 맞지 않아 싸우는 사람들이 많습니다. 다 똑같아요. "에라, 까짓거 부부간에 서로 싸우고 정이 없으면 가정의 모가지를 잘라버리겠다"라고 합니다. "너하고 나하고 갈라서자." 이렇게 말하는 사람들은 얼마 못 가서 가정이 깨어집니다. 그러면 또 새로 가정을 이루고 다시 또 깨어지고 가정이 깨어짐을 반복합니다.

그러나 어떤 사람들은 가정이 불행하면 서로 행복하도록 노력을 하죠. 가정이라는 곳은 오래 참아야 하는 것입니다. 이 세상에 이상적인 남편이 어디 있나요? 반대로 이상적인 아내도 없습니다. 이상적인 남편이나 이상적인 아내는 꿈에나 있지 실제로는 없는 것입니다.

성경 말씀 가운데 제가 저번 주일날 텔레비전을 통해서 설교한 것처럼 남편을 다섯 번이나 바꾼 여자가 나중에 여섯 번째에는 결혼도 안 하고 살다가 예수님을 만났습니다. 예수님께서 말씀하기를 "이 물을 마시는 자마다 다시 목마르려니와 내가 주는 물을 마시는 자는 영원히 목마르지 아니하리니 내가 주는 물은 그 속에서 영생하도록 솟아나는 샘물이 되리라"요 4:13-14고 했습니다. 이 물은 뭡니까? 우물물을 자꾸 길어봤자 또 목마릅니다.

이상적인 사람은 없습니다. 그러므로 인생을 사는 길은 뭡니까? 오래 참는 겁니다. 이상적이지 않은 남편도 이상적이지 않은 아내도 서로 가정을 이루었으면 그저 참고 또 참고, 또 참고, 또 참고 관에 들어갈 때까지 참으면 비로소 그때 행복을 얻을 수가 있는 것입니다.

여러분, 그러므로 우리가 희망에 도달하기 위해서는 희망이 당장 내 발등에 떨어지지 않는다고 쉽게 발길로 차버려서는 안 됩니다. 오래 참는 사람에게 희망이 다가오게 되는 것입니다. 인간의 삶이란 희망을 찾아 몸부림치며 나가는 것이며, 삶의 참 행복과 기쁨이란 희망이 성취될 때 다가오는 것입니다.

훌륭한 지도자란 국민에게 희망을 주는 지도자입니다. 공산주의가 망한 이유는 국민이나 개인에게 전혀 희망을 주지 못하기 때문입니다. 지금 북한을 보십시오. 가장 어둡고 캄캄한 죽음의 땅인 것입니다. 희망이 없어요. 하나님께서는 희망을 향해 전진하는 사람과 함께 하시는 것입니다. 그런데 우리에게 다가오는 많은 절망과 좌절은 더 큰 희망의 문이 열리는 처소라는 것을 알아야 합니다. 다시 말하면 절망은 더 큰 희망이 태어나는 산실이라는 것입니다.

살다 보면 우리에게 여러 가지 시험과 고난과 환난이 다가오게 됩니다. 그러나 그것에 좌절하면 안 됩니다. 왜냐하면 그것은 바로 더 큰 희망의 문이 열리는 장소이기 때문인 것입니다. 더 큰 희망의 빛이 비치는 곳이기 때문에 희망을 찾고 희망을 기다리고 희망을 바라야 하는 것입니다. 그래서 우리 인생에서 가장 위대한 희망은 예수 그리스도인 것입니다.

하나님은 예수 그리스도를 십자가에 못 박아 피 흘리게 하셔서 우리의 죄악을 청산하고, 하나님과 우리 사이의 막힌 담을 헐어버리고 우리에게 영원한 천국의 영생을 얻는 희망을 주셨습니다. 여러분, 하늘나라에 희망을 두십시오. 주님이 우리에게 눈물과 근심과 탄식과 이별하는 것이나 고별하는 것이나 아픈 곳이 없는 처소를 예비하셨습니다. 주님은 말씀하십니다.

"너희는 마음에 근심하지 말라 하나님을 믿으니 또 나를 믿으라 내 아버지 집에 거할 곳이 많도다 그렇지 않으면 너희에게 일렀으리라 내가 너희를 위하여 거처를 예비하러 가노니 가서 너희를 위하여 거처를 예비하면 내가 다시 와서 너희를 내게로 영접하여 나 있는 곳에 너희도 있게 하리라"_요한복음 14:1-3

주님은 우리에게 하늘나라라는 영원한 희망을 주셨습니다. 영원한 하늘나라 희망을 받은 우리에게는 영겁의 세월이 지나가도 늘 희망으로 넘치는 것입니다. 사람의 마음속에 희망이 있으면 어떠한 역경도 극복할 수 있습니다. 어떠한 고통도 이겨낼 수 있는 것입니다.

희망의 불꽃! 이것보다 중요한 것은 없습니다. 그러므로 예수를 구주로 모실 때 예수님은 영원히 꺼지지 않는 우리 마음속에 희망의 불꽃이 되어 주시는 것입니다. 그리스도를 모시고 우리가 기도하면서 나아갈 때 눈에는 아무 증거 안 보이고 귀에는 아무 소리 안 들리고 손에는 잡히는 것 없어도, 우리는 그곳에 계신 하나님을 의지하고 희망을 가지고 전진해 나갈 수 있습니다. 우리는 그곳에 영혼이 잘 되고 범사가 잘 되며 강건하고 생명을 얻되 넘치게 얻는 세계를 만들어나갈 수가 있는 것입니다.

사랑하는 성도 여러분, 그러므로 하나님은 우리 주 예수 그리스도 안에서 참되고 영원한 희망을 가슴에 품고 기도하고 찬미하고 뛰어나가는 그런 사람과 같이 하여 주십니다. 절망하는 사람은 그가 임금이든 장군이든 학자든 부자든 둘러싸인 사마리아 성 같이 자멸하고 말 것입니다. 아무리 내가 못난 나병 환자같이 문드러지고 찢어지고 냄새가 나고 절망에 처한 사람이라도 희망을 향해서 걸어가면 하나님께서 나와 함께 걸어가 주시는 것입니다. 그리고 하나님이 그 발걸음에 자유와 해방과 승리와 축복이 다가오게 만들어 주는 것입니다.

그러므로 결단코 우리는 절망하지 말아야 합니다. 결단코 부정적인 말을 하지 말아야 합니다. 결단코 뒤로 물러서면 안 됩니다. 언제나 희망을 품고 긍정적이고 적극적이고 창조적인 마음으로 오래 참으면서 역경을 극복하고 믿음으로 나갈 때, 희망은 우리에게 다가오는 것입니다.

기도

거룩하시고 영광스러우신 우리 아버지 하나님, 희망을 저버린 개인이나 민족은 영원히 버림당하고 맙니다. 아버지, 희망을 잃어버린 북한은 얼마 있지 않으면 무너집니다. 이 땅에 불안한 것이 많고 부조리가 많지만, 우리 대한민국은 하나님이 계시고 우리 마음속에 내일에 대한 희망이 있습니다. 내일은 오늘보다, 다음 달은 금번 달보다, 명년은 금년보다 나아진다는 희망이 있기에 우리에게 기쁨이 있고 행복이 있고 발전이 있습니다. 하나님 우리 아버지여, 영원한 희망은 오직 예수 그리스도 안에서만 다가옵니다. 그리스도 밖에 있으면 이 땅에 잠시 동안 개똥벌레 같은 희망이 있었다고 할지라도 영원한 죽음과 지옥의 절망이 기다리고 있습니다.

하나님 아버지여, 우리 가슴 속에 꺼지지 않는 희망의 불길이 예수 그리스도를 구주로 모시고 그리스도 안에서 매일매일의 삶을 희망차게 살아가게 도와주시옵소서. 하나님의 뜻을 따라 희망차게 살도록 도와주시옵고, 열심으로 정직 성실 근면 충성으로 희망차게 일하게 도와주시옵소서. 신념을 가지고 역경을 극복하며 희망을 놓지 말게 도와주시옵소서. 희망 가운데 오래 참고 또 참고 또 참음으로 희망이 성취되게 도와주시옵소서. 우리 주 예수 그리스도의 이름으로 기도합니다. 아멘.

요약

1. 하나님께서 예정하신 나의 삶에 대한 뜻을 알아야 함

  하나님은 우리에게 계획이 있으십니다. 우리는 하나님께서 예비하신 그 길을 걸어갈 때 희망이 있습니다. 하나님께서 예비하신 길을 걸어가면 하나님이 함께해 주시고 붙들어 주기 때문에 어떠한 어려움도 이기고 희망을 성취할 수 있습니다. 우리가 하나님의 뜻을 간절히 찾고 하나님의 뜻에 따라서 살 때 희망이 있습니다.

2. 하나님의 뜻을 성취하기 위해 충성되고 정직하게 나아가야 함

  근면하고 부지런해야 희망에 도달할 수 있습니다. 그리고 희망에 도달하기를 원하는 사람은 하나님과 사람 앞에서 충성스러워야 합니다. 하나님이 우리를 부르셨으므로 하나님에 대한 믿음을 끝까지 충실하게 지켜야 합니다. 우리가 푯대를 향하여 그리스도 예수 안에서 하나님이 부르신 부름의 상을 위하여 열심히 충성스럽게 좇아갈 때 비로소 성공에 이르게 되고 희망을 성취할 수 있습니다.

3. 하나님에 대한 강한 믿음을 가져야 함

우리가 희망에 도달하기 위해서는 마음속에 강한 신념이 있어야 합니다. 희망으로 가는 길에는 수많은 시련이 있습니다. 그것을 극복하기 위해서는 하나님께 대한 강한 믿음이 있어야만 합니다. 믿음 없이 희망을 향하여 나아가다가 조그마한 어려움과 고통을 당하면 좌절하고 주저앉아 버리고 뒤로 물러서면 아무 일도 성취할 수 없습니다.

4. 인내해야 함

우리가 희망에 도달하기 위해서는 희망이 당장 내 발등에 떨어지지 않는다고 쉽게 발길로 차버려서는 안 됩니다. 오래 참는 사람에게 희망이 다가옵니다. 그리스도를 모시고 우리가 기도하면서 나아갈 때 눈에는 아무 증거 안 보이고 귀에는 아무 소리 안 들리고 손에는 잡히는 것 없어도 우리는 그곳에 계신 하나님을 의지하고 희망을 가지고 전진해 나갈 수 있는 것입니다

이 후에 여호와야훼의 말씀이 환상 중에 아브람에게 임하여 이르시되
아브람아 두려워하지 말라 나는 네 방패요 너의 지극히 큰 상급이니라
아브람이 이르되 주 여호와야훼여 무엇을 내게 주시려 하나이까
나는 자식이 없사오니 나의 상속자는 이 다메섹 사람 엘리에셀이니이다
아브람이 또 이르되 주께서 내게 씨를 주지 아니하셨으니
내 집에서 길린 자가 내 상속자가 될 것이니이다
여호와야훼의 말씀이 그에게 임하여 이르시되
그 사람이 네 상속자가 아니라 네 몸에서 날 자가 네 상속자가 되리라
하시고 그를 이끌고 밖으로 나가 이르시되 하늘을 우러러
뭇별을 셀 수 있나 보라 또 그에게 이르시되
네 자손이 이와 같으리라 아브람이 여호와야훼를 믿으니
여호와야훼께서 이를 그의 의로 여기시고

창세기 15:1-6

별을 헤아리는 사람

1999년 4월 11일

별을 헤아리는 사람
<1999년 4월 11일>

　오늘 저는 여러분과 함께 '별을 헤아리는 사람'이라는 제목으로 말씀을 나누겠습니다. 밤이 아무리 어두워도 하늘에 별이 총총히 빛나면 어두움을 어두움으로 느끼지 않습니다. 그러나 어두운 밤하늘에 별조차 비취지 않으면 그 어두움은 견딜 수가 없습니다.

　인간의 삶이 아무리 어두워도 별 같은 희망을 바라볼 수 있으면 절망은 아닙니다. 그러나 삶의 어두움과 함께 희망조차 바라볼 수 없으면 그때는 절망인 것입니다.

　희망은 꿈을 낳고 꿈은 사랑을 낳고 사랑은 믿음을 낳습니다. 그러므로 우리 하나님께서는 희망을 바라보고 나아가는 사람을 환영하고 사랑하고 그와 손을 잡고 일하시는 것입니다.

희망을 향해 나아간 아브라함

구약시대의 아브라함을 생각해 봅시다. 아브라함은 희망을 좇아 나아간 사람입니다. 그는 나이 75세에 육체적인 삶은 노년이라는 밤이 다가왔을 때 하나님은 희망이라는 별을 비추어 주셨습니다. 그 희망은 삶에 대한 새로운 꿈을 가슴속에 갖게 하고 꿈은 삶에 대한 사랑을 끓어오르게 하며 사랑은 믿음을 갖게 합니다. 그래서 담대히 새로운 세계를 향해 출발할 수가 있었습니다.

여러분, 오늘날 나이가 많고 늙었다고 해서 희망을 저버리면 그에게는 파멸이 다가오게 될 것입니다. 나이라는 어두운 밤이 아무리 우리를 엄습할지라도 희망이라는 밝은 별을 바라볼 수 있으면 우리는 결코 삶에 대한 꿈을 상실할 수 없습니다. 꿈이 있는 이상 뜨거운 사랑이 있고, 사랑이 있는 이상 신념을 가지고 인생을 살아갈 수 있는데 바로 아브라함이 그 대표적인 인물이었습니다.

그는 75세가 되어 이미 은퇴할 나이가 넘었는데도 불구하고 하나님이 그에게 말씀하시기를 "아브람아, 내가 네게 지시할 땅으로 가라. 그러면 내가 너로 큰 민족을 이루고 네게 복 주고 복 주어 네 이름을 창대케 하고 창대케 하리라"고 말씀하셨습니다창 12:1-2. 하나님이 주신 찬란한 별빛 같은 희망인 것입니다. 그 희망을 가슴에 품자 아브람은 꿈의 사람이 되고, 사랑의 사람이 되고, 신념의 사람이 되었습니다. 그래서 그는 담대하게 아내의 손을 잡고 어디로 갈 바를 모르면서도 가나안 땅을 향해 출발했던 것입니다.

그는 가나안에서 시련을 겪고 애굽으로 내려갔습니다. 애굽에서 인생의 밤을 체험한 후, 그는 처참한 심정으로 낭패와 실망을 당하고 돌아왔습니다. 그가 다시 가나안 땅으로 돌아왔을 때, 하나님은 아브라함에게 다른 일을 하지 않고 꿈을 주셨습니다. 그가 가나안 땅에 올라오자마자 하나님께서 그에게 말씀하기를 "아브람아, 너 눈을 들어 동서남북을 바라보라. 네 눈에 보이는 그 땅을 내가 너와 네 자손에게 주리니 영원하리라"고 하셨습니다창 13:14-15. 어둡고 캄캄할 때에 하나님께서 희망의 별빛을 비추어 주신 것입니다. "네가 현재는 처참한 정경이지만 너는 장차 이 땅의 주인이 된다. 그러므로 동서남북을 바라보고 희망을 가져라. 꿈을 가져라. 사랑을 가져라. 믿음을 가져라"고 하신 것입니다.

아브라함은 낙심하고 좌절하고 절망 가운데 가나안 땅으로 올라왔지만, 하나님이 주신 희망 때문에 그의 가슴은 다시 찬란한 꿈으로 타오르기 시작했습니다. 인생에 대한 사랑이 끓어오르고 신념이 생겨난 것입니다. 100세가 된 아브라함을 보십시오. 100세에 별을 헤아린 아브라함은 참으로 장엄합니다. 그의 나이 100세가 되고 아내가 90세가 되어 인간의 생각으로는 도저히 자녀를 생산할 수가 없습니다. 그의 인생은 캄캄한 밤을 맞이했습니다. 그럼에도 불구하고 하나님은 그에게 밤에 비추는 찬란한 별빛을 허락하여 주셨습니다.

여러분, 밤이 되어야 별이 총총히 빛나는 것처럼 우리 인생이 어둡고 캄캄할 때 희망은 더욱 빛이 나는 것입니다. 어두울 때 빛이 없다고 생각하지 마십시오. 어두운 밤에 별이 비추는 것처럼 우리의 삶이 어두울 때 희망이 우리에게 비쳐오는 것입니다.

"그를 이끌고 밖으로 나가 이르시되 하늘을 우러러 뭇별을 셀 수 있나 보라 또 그에게 이르시되 네 자손이 이와 같으리라 아브람이 여호와야훼를 믿으니 여호와야훼께서 이를 그의 의로 여기시고"_창세기 15:5-6

"왜 네가 어두운 밤만 바라보느냐? 땅을 바라보고 환경을 바라보지 말고 고개를 들어 하늘을 쳐다보라. 땅이 아무리 어둡고 캄캄해도 저 하늘의 별들이 찬란한 것처럼 네 나이 100세가 되고 네 아내의 나이 90세가 되어서 인간으로서는 밤을 맞이했지만, 하나님이 계신 이상 희망이 있다. 하나님을 바라보고 희망을 가져라. 네 자손이 저 별들처럼 많을 것이다"라고 말씀하신 것입니다.

아브라함이 하나님을 믿고 의지하자 하나님이 그를 기쁘게 여기시고 그에게 자손을 주셨습니다. 그가 이삭이고 오늘날 이스라엘의 조상이 된 것입니다.

이스라엘 백성이 꿈꾸기를 원하신 예수님

여러분, 신약시대를 보면 예수님은 꿈을 꾸지 않는 이스라엘 백성을 향해 준엄하게 꾸짖으셨습니다. 예수님께서 그의 고향 땅 나사렛에 이르러 회당에 모인 사람들에게 이런 말씀을 하셨습니다.

"내가 참으로 너희에게 이르노니 엘리야 시대에 하늘이 삼 년 육 개월간 닫히어 온 땅에 큰 흉년이 들었을 때에 이스라엘에 많은 과부가 있었으되 엘리야가 그 중 한 사람에게도 보내심을 받지 않고 오직 시돈 땅에 있는 사렙다의 한 과부에게 뿐이었으며 또 선지자 엘리사 때에 이스라엘에 많은 나병 환자가 있었으되 그 중의 한 사람도 깨끗함을 얻지 못하고 오직 수리아 사람 나아만뿐이었느니라"_누가복음 4:25-27

이 말을 들은 나사렛 회당에 모인 사람들은 분이 가득하여 예수님을 죽이려고 낭떠러지까지 끌고 나갔습니다. 그들은 왜 이렇게 화가 났을까요? 이스라엘 백성 가운데 많은 나병 환자가 있었습니다. 그럼에도 불구하고 그 중 한 사람의 나병 환자도 엘리야에게서 치료를 받지 못하고 오직 이방 사람이고 이스라엘의 원수가 된 나라인 수리아 아람 왕의 군대 장관 나아만 만이 고침을 받았습니다.

왜냐하면 이 나병 환자 나아만은 그 병사들이 국경에 나가서 잡아 온 이스라엘 여종의 말을 들었습니다. 그 여종이 "우리 주인이 선지자 엘리사 곁에 있었으면 좋았겠습니다. 그렇다면 그 나병이 고침을 받았을 것입니다"라고 하자, 그 말을 들은 나아만 장군은 그 마음속에 희망을 가졌습니다. '이스라엘에 가서 선지자 엘리사를 만나면 나병이 나을 수 있다'라는 희망을 가졌습니다. 그 마음속에 꿈이 불타오르고 인생에 대한 사랑과 신념이 끓어올랐습니다. 그는 왕의 허락을 받아 이스라엘에 가서 엘리사를 만나 나병을 고침 받았습니다.

이스라엘에 많은 나병 환자가 있었지만, 그들은 하나님의 희망을 갖고 있지 않았습니다. 희망을 저버렸습니다. 꿈도 없었습니다. 사랑과 믿음도 없었습니다. 그래서 하나님은 그들을 저버리셨습니다. 그러나 원수의 나라 수리아의 군대 장관 나아만은 비록 이스라엘 백성이 아니었을지라도 그 마음속에 이스라엘의 하나님에 대한 희망을 갖고, 그 마음속에 꿈을 갖고 사랑과 믿음으로 나올 때 하나님께서 그를 치료해 주신 것입니다.

그리고 또 주님은 계속해서 말씀하시기를 이스라엘 아합 왕 시대에 3년 6개월 동안 땅에 비가 오지 않았을 때 많은 사람이 굶어 죽고 과부가 굉장히 많았으나, 하나님은 아무에게도 엘리야를 보내지 않았다고 하셨습니다. 그러나 이방 나라 시돈 땅의 사렙다 과부는 엘리야의 말을 듣고 3년 6개월 동안 가뭄을 이겨낼 수 있는 복을 받았습니다. 하나님의 도움을 받았습니다.

왜냐하면 사렙다의 과부는 희망과 꿈과 사랑을 믿음으로 받아들였기 때문입니다. 다른 모든 과부는 희망을 저버렸습니다. 하나님에 대한 꿈을 갖지 않았습니다. 삶에 대한 사랑도 신념도 잃었습니다. 그러므로 하나님은 저들을 버렸지요. 그러나 이방인 여자인 시돈 땅의 사렙다 과부는 엘리야의 말을 듣자 하나님에 대한 희망을 가지고 하나님이 도와주실 것이라는 꿈을 가졌습니다. 그래서 그녀는 마지막 남은 밀가루와 기름을 가지고 과자를 구워서 엘리야를 대접했습니다. 그 결과로 하나님께서는 이 사렙다 과부에게 가뭄이 지날 때까지 밀가루 통에 밀가루가 사라지지 아니하고 기름병에 기름이 끊이지 않게 하신 것입니다.

예수님이 바로 이 말씀을 하신 것입니다. 하나님은 비록 이스라엘 선민이라도 하나님에 대한 희망을 저버리고 하나님에 대한 꿈을 저버리고 사랑과 신념이 없는 그런 사람에게는 찾아오지 않는다는 것입니다. 희망이 없으면 이스라엘이라도 원수가 되고, 이방인이라도 하나님에 대한 꿈을 가진 사람, 하나님에 대한 희망을 가진 사람, 하나님에 대한 사랑과 신념을 가진 사람은 주께서 당신의 종을 보내셔서 도와주신다는 것입니다.

"나의 영혼아 잠잠히 하나님만 바라라 무릇 나의 소망이 그로부터 나오는도다 오직 그만이 나의 반석이시요 나의 구원이시요 나의 요새이시니 내가 흔들리지 아니하리로다"_시편 62:5-6

"야곱의 하나님을 자기의 도움으로 삼으며 여호와야훼 자기 하나님에게 자기의 소망을 두는 자는 복이 있도다"_시편 146:5

이스라엘 백성은 하나님의 말씀을 들어도 희망과 꿈과 사랑과 믿음을 받아들이지 않았습니다. 이것이 하나님께로부터 버림을 받은 중대한 이유입니다. 여러분, 성경은 꿈이 없는 백성은 망한다고 말씀합니다. 우리 하나님은 희망을 저버리는 사람에게는 똑같이 하나님께서도 버리신다는 것입니다.

희망을 저버리면 우리의 삶 속에 광야가 기다린다

오늘 우리가 함께 기억해야 할 것은 희망을 저버리면 우리의 삶 속에 광야가 기다리고 있다는 것입니다. 여러분, 모세를 따라 나온 이스라엘 백성이 가데스 바네아에 왔을 때 모세가 열두 명의 정탐꾼을 택해서 사십 주 사십 야 동안 가나안 땅을 정탐하고 보고하게 했습니다. 그러나 그중에 열 명은 돌아와서 희망을 저버린 보고를 했습니다. 희망을 저버리니 꿈도 없고 하나님에 대한 사랑과 믿음도 다 버리게 되었습니다.

"그와 함께 올라갔던 사람들은 이르되 우리는 능히 올라가서 그 백성을 치지 못하리라 그들은 우리보다 강하니라 하고 이스라엘 자손 앞에서 그 정탐한 땅을 악평하여 이르되 우리가 두루 다니며 정탐한 땅은 그 거주민을 삼키는 땅이요 거기서 본 모든 백성은 신장이 장대한 자들이며 거기서 네피림 후손인 아낙 자손의 거인들을 보았나니 우리는 스스로 보기에도 메뚜기 같으니 그들이 보기에도 그와 같았을 것이니라"
_민수기 13:31-33

그들은 완전히 희망을 저버렸습니다. 가나안 땅에 들어갈 꿈이 전혀 없고 하나님의 사랑과 믿음도 저버렸습니다. 이 보고를 들은 다른 모든 이스라엘 백성도 동시에 하나님에 대한 희망과 꿈을 저버리고 사랑과 믿음을 포기해 버리고 말았습니다. 그 결과 하나님은 그들을 다 광야로 보내어 40년 동안 광야에서 방황하며 그곳에서 죽게 하셨습니다.

여러분, 꿈을 저버린 사람에게 기다리는 것은 광야밖에 없습니다. 꿈이 없는 사람 희망이 없는 사람에게는 메마른 광야가 기다립니다. 그러나 희망이 넘치는 여호수아와 갈렙을 보십시오. 그들은 똑같이 사십 주 사십 야 동안 가나안 땅을 정탐하고 돌아왔는데, 희망이 넘치고 가슴속에 꿈이 끓어오르고 하나님에 대한 사랑과 믿음이 넘쳐났습니다.

"그 땅을 정탐한 자 중 눈의 아들 여호수아와 여분네의 아들 갈렙이 자기들의 옷을 찢고 이스라엘 자손의 온 회중에게 말하여 이르되 우리가 두루 다니며 정탐한 땅은 심히 아름다운 땅이라 여호와야훼께서 우리를 기뻐하시면 우리를 그 땅으로 인도하여 들이시고 그 땅을 우리에게 주시리라 이는 과연 젖과 꿀이 흐르는 땅이니라 다만 여호와야훼를 거역하지는 말라 또 그 땅 백성을 두려워하지 말라 그들은 우리의 먹이라 그들의 보호자는 그들에게서 떠났고 여호와야훼는 우리와 함께 하시느니라 그들을 두려워하지 말라 하나 온 회중이 그들을 돌로 치려 하는데 그 때에 여호와야훼의 영광이 회막에서 이스라엘 모든 자손에게 나

타나시니라"_민수기 14:6-10

그들은 이렇게 담대하게 선언하고 희망을 가지고 꿈을 가지고 하나님에 대한 사랑과 신념을 굳게 가졌습니다. 그 결과, 여호수아와 갈렙은 광야를 다 이기고 극복하여 80세가 되어도 40대 청춘의 힘을 가지고 이스라엘 백성의 후손을 거느리고 젖과 꿀이 흐르는 가나안 땅에 들어가게 된 것입니다.

희망과 꿈, 사랑과 믿음이 여러분과 저의 인생 앞날에 젖과 꿀이 흐르는 땅으로 이끌어 가는 것입니다. 그러므로 우리의 삶이 광야에서 지내느냐 그렇지 않고 젖과 꿀이 흐른 땅으로 들어가느냐는, 우리의 가슴속에 희망이 있느냐 꿈이 있느냐 사랑과 믿음이 있느냐 없느냐를 통해서 정해지는 것입니다.

희망은 하나님을 바라볼 때 얻을 수 있다

오늘 우리가 함께 생각하고 싶은 것은, 그러면 우리는 어디서 희망을 얻을 수 있느냐는 것입니다. 우리가 사는 현실이 너무나 어둡고 캄캄한데 이 어둡고 캄캄한 하늘에서 어떻게 별들을 헤아릴 수 있느냐는 것입니다. 어디에 우리의 희망이 있느냐는 것입니다.

여러분, 하나님을 믿지 않는 사람도 밤이 어둡고 캄캄할 때 하늘을 쳐다보면 별들을 발견할 수 있습니다. 하물며 우리 예수 믿는 사람들은 아무리 우리의 운명과 환경이 어둡고 캄캄하다 할지라도 우리가 하나님을 쳐다볼 때 희망의 별을 발견하지 못할 리가 만무한 것입니다.

별을 헤아리는 사람만이 젖과 꿀이 흐르는 땅에 들어갑니다. 별을 헤아리는 사람만이 하나님과 동행할 수가 있는 것입니다. 우리가 헤아릴 수 있는 별은 어디에 있습니까? 갈보리 산 십자가 위에 매달린 예수 그리스도가 우리의 소망의 별이 되십니다. 예수님은 우리에게 삶의 절대 절망을 이기시고 절대 희망을 주신 분이십니다. 바로 그 절대 희망을 주신 분이 갈보리 산 십자가에 계신 것입니다. 우리는 갈보리 산 십자가를 쳐다볼 때 죄 용서를 얻고 의로움을 얻을 수 있는 희망의 별을 바라볼 수가 있습니다.

"자기 아들을 아끼지 아니하시고 우리 모든 사람을 위하여 내주신 이가 어찌 그 아들과 함께 모든 것을 우리에게 주시지 아니하겠느냐 누가 능히 하나님께서 택하신 자들을 고발하리요 의롭다 하신 이는 하나님이시니"_로마서 8:32-33

우리는 갈보리 산 십자가를 쳐다볼 때 내가 죄를 짓고 불의하고 추악하고 버림을 받아야 마땅함에도 불구하고, 넝마 같은 인생을 살았어도 희망의 별빛을 바라볼 수가 있습니다. 갈보리 산 십자가에는 희망이 있습니다. 죄가 용서받고 의롭다 함을 얻고 하나님 앞에 부끄러움 없이 설 수 있는 자격을 얻을 수 있는 희망의 별빛이 그곳을 비춥니다. 어둡고 캄캄한 죄악의 밤이라도 고개를 들어 갈보리 산 십자가를 바라보면 의롭게 되는 희망의 별빛을 헤아릴 수가 있는 것입니다.

우리는 이 세상에 살면서 세상 풍속을 좇고 살았습니다. 이 세상에는 하나님이 계시지 않습니다. 이 세상에는 마귀와 탐욕만 꽉 들어차 있습니다. 이 세상에 사는 사람들은 육신의 정욕과 안목의 정욕과 세상의 자랑에 묶여 살고 시기, 분노, 질투, 미움으로 꽉 들어찼습니다.

지금 코소보 전쟁을 보십시오. 정치인들의 마음속 탐욕 때문에 수많은 사람이 짓밟히고 생명을 잃어가는 비극 속에 있습니다. 이것이 세상인 것입니다. 이러한 세상 속에서 우리가 어디에서 희망을 얻을 수가 있습니까? 그러나 우리가 어둡고 캄캄한 세상을 바라보지 말고 고개를 들어 갈보리 산 십자가에 매달린 예수 그리스도를 바라보면 그곳에서 우리는 희망의 별빛을 발견할 수 있습니다. 예수 그리스도는 그 십자가에서 세상과 마귀를 멸하고 우리에게 천국과 성령을 주신 분이시기 때문입니다.

우리는 이 세상의 정치나 현실을 바라볼 때 어둡고 캄캄해도 여기에 별빛이 있습니다. 갈보리 산 십자가에서 비치는 희망의 별빛이 있습니다. 그 희망을 헤아려야만 하는 것입니다. 주님께서 천국을 주시고 성령을 주시는 것입니다.

갈보리 산 십자가를 통해 하나님이 우리 아버지가 되어 주시고, 예수님이 우리 구주가 되어 주시고, 성령이 우리의 보혜사가 되어 주시고, 그곳에 하나님의 말씀이 우리의 양식으로 주어지고, 그를 통해서 천군과 천사들이 와서 우리를 둘러 진을 칩니다. 천국이 우리 속에 들어오고 우리가 천국 속에 들어와서 하나님의 영광을 맛보며 살아갈 수 있는 것입니다.

우리가 갈보리 산 십자가를 바라볼 때 종 된 삶에서 하나님의 아들이 되는 찬란한 희망과 꿈을 얻는 것입니다. 희망의 별빛은 그곳을 항상 비추고 있습니다.

"너희가 아들이므로 하나님이 그 아들의 영을 우리 마음 가운데 보내사 아빠 아버지라 부르게 하셨느니라 그러므로 네가 이 후로는 종이 아니요 아들이니 아들이면 하나님으로 말미암아 유업을 받을 자니라 그러나 너희가 그 때에는 하나님을 알지 못하여 본질상 하나님이 아닌 자들에게 종 노릇 하였더니"_갈라디아서 4:6-8

이 세상에는 너무나 슬픔이 많아요. 오늘날 세계에 우울증 환자가 3억 명이 넘는다고 합니다. 삶이 어두워지니까 사람들은 우울증에 걸리고 마음이 침울해집니다. 삶의 기쁨이 없어서 자기를 미워하고 자살하는 사람도 많고 이웃에게 상해를 끼치는 일들도 너무나 많습니다. 마음도 치료를 받지 못하고 육체도 치료를 받지 못하는 가운데서 어느 곳을 가나 고통이 꽉 들어찹니다.

어둡고 캄캄한 고통의 밤중에 우리는 어디에서 희망의 별빛을 바라볼 수가 있습니까? 갈보리 산 십자가를 바라보고 거기에 우리의 고통을 대신 짊어지고 못 박혀 몸 찢고 피 흘린 예수를 바라볼 때 우리는 희망의 별빛을 헤아릴 수가 있습니다. 우리는 갈보리 산 십자가에서 주님께서 우리에게 주신 기쁨을 발견할 수 있습니다. "그는 실로 우리의 질고를 지고 우리의 슬픔을 당하였다"라고 말씀합니다사 53:4. 그의 슬픔은 우리의 슬픔이요, 우리의 슬픔을 걸머진 주님은 당신의 기쁨을 우리에게 허락하여 주시는 것입니다.

"소망의 하나님이 모든 기쁨과 평강을 믿음 안에서 너희에게 충만하게 하사 성령의 능력으로 소망이 넘치게 하시기를 원하노라"_로마서 15:13

우리는 그리스도의 십자가를 바라보고 기쁨을 얻을 수 있는 소망의 별빛을 발견할 수 있습니다. 우리는 기쁨을 얻어야 합니다. 기쁨이 우리의 삶에 힘이 됩니다.

"주 안에서 항상 기뻐하라 내가 다시 말하노니 기뻐하라"_빌립보서 4:4

기쁨을 잃어버리면 우리는 힘을 잃어버리게 되는 것입니다. 소망이 없는 곳에 기쁨이 있을 리 없습니다. 소망이 있는 곳에 꿈이 있고 꿈이 있는 곳에 사랑이 있고 사랑이 있는 곳에 믿음이 있고 믿음이 있는 곳에 기쁨이 솟아오르는 것입니다.

그뿐만 아니라 우리는 십자가를 바라볼 때 치료의 소망을 얻을 수가 있습니다. 이 세상에 아무리 처참한 병고에 시달린다고 할지라도, 의사들이 다 포기하고 약으로 치료함 받을 수 없는 처지에 있다 할지라도 소망은 우리를 버리지 않습니다. 세상이 어둡고 캄캄해서 소망을 얻을 수 없어도 갈보리 산 십자가를 생각하면 예수님은 그곳에 매달려서 "내가 채찍에 맞음으로 너희가 나음을 입었느니라벧전 2:24. 내가 너희 연약한 것은 친히 담당하고 병을 짊어지고 갔느니라"고 말씀합니다마 8:17.

주의 말씀을 바라볼 때 소망의 별빛이 반짝입니다. 그 소망의 별을 헤아리는 사람만이 병에서 놓임을 받을 수가 있는 것입니다. 어두운 병을 바라보고 그곳에 묶여서 참담한 심정을 가지고 사는 사람에게는 내일이 없습니다. 그런 사람에게는 질병의 광야밖에 없습니다. 그러나 치료의 별빛을 바라보고 치료의 별을 헤아리는 사람은 젖과 꿀이 흐르는 동산이 기다리고 있는 것입니다.

마가복음 16장 17절로 18절은 "믿는 자들에게는 이런 표적이 따르리니 곧 그들이 내 이름으로 귀신을 쫓아내며 새 방언을 말하며 뱀을 집어올리며 무슨 독을 마실지라도 해를 받지 아니하며 병든 사람에게 손을 얹은즉 나으리라 하시더라"고 말씀하고 있습니다. 우리의 희망은 여기에 있습니다. 치료함 받을 희망의 별을 헤아리는 여러분이 되시기를 주의 이름으로 축원합니다.

북한의 굶주림은 말로 다 할 수가 없습니다. 최근에 북한을 방문하고 온 사람들을 만나서 이야기를 들어 보니 북한에는 전봇대도 다 베어 가서 땔감으로 쓰고, 전깃줄의 동선을 다 잘라 팔아먹었기 때문에 동선이 없어서 이제는 쇠줄로 전선을 만든다고 합니다. 그들의 삶을 말로 다 할 수가 없습니다. 적어도 30만 명 이상의 어린아이들이 중국 국경을 넘고 그곳에서 방황하고 굶주리고 있다고 합니다. 북한의 2천만 명이 온통 다 난민입니다. 그럼에도 불구하고 김정일은 소련이 무너질 때 소련 과학자 천명을 데리고 와서 그들에게 일류 대접을 해 주면서 최신의 무기를 개발하고 있습니다.

이스라엘 전문가는 말하기를 북한이 가지고 있는 무기는 한국보다 열 배나 더 우수하다고 합니다. 어마어마한 돈을 들여 무기를 개발하고 오직 대한민국을 적화통일하려는 야욕에 불타고 있습니다. 그러면서 자신의 국민은 완전히 돼지 굴로 집어넣었습니다.

북한의 가난하고 헐벗고 굶주림이 말로 다 할 수가 없습니다. 지금 당장 남북통일이 된다고 하더라도 우리 대한민국이 도저히 북한을 끌어안을 도리가 없어요. 2천만 거지를 어떻게 해야 합니까? 말이 쉬워 그렇지 지금 당장 통일이 되어도 감당할 수가 없습니다. 그러므로 우리는 어찌하든지 옥수수라도 심어서 경제적인 자립을 하도록 도와주고 근본적인 생활 대책을 세워 주고 난 다음 서서히 통일해야 하는 것입니다.

그러나 이 어둡고 캄캄한 곳에 우리의 희망이 있습니까? 우리가 땅을 바라볼 때 우리가 희망을 바라볼 수가 없지만, 갈보리 산 십자가를 바라보면 희망의 별빛이 비추고 있는 것입니다.

"그리스도께서 우리를 위하여 저주를 받은 바 되사 율법의 저주에서 우리를 속량하셨으니 기록된 바 나무에 달린 자마다 저주 아래에 있는 자라 하였음이라 이는 그리스도 예수 안에서 아브라함의 복이 이방인

에게 미치게 하고 또 우리로 하여금 믿음으로 말미암아 성령의 약속을 받게 하려 함이라"_갈 3:13-14

통일이 되고 난 다음 북한에 복음을 전하면 아브라함의 복이 임하게 되는 것입니다. 다른 힘으로는 도와줄 수가 없습니다. 그러나 그리스도가 그곳에 전파되면 북한 땅에 임하여 있는 저주가 사라지는 것입니다. 저주가 사라지고 아브라함의 복이 임하면 이삭이 한 해의 농사로 백배의 추수를 했다고 하는 하나님의 축복이 역사하기 시작하는 것입니다. 하나님의 축복이 임하면 살아갈 수 있는 것입니다.

"우리 주 예수 그리스도의 은혜를 너희가 알거니와 부요하신 이로서 너희를 위하여 가난하게 되심은 그의 가난함으로 말미암아 너희를 부요하게 하려 하심이라"_고린도후서 8:9

여기에 별빛이 비추고 있습니다. 세상이 아무리 험하고 어둡고 캄캄할지라도 고개를 들어 십자가를 바라보고 그 위에 계시는 예수를 바라볼 때 별빛이 비추고 있습니다. 희망의 별빛이 비추고 있습니다. 그렇기 때문에 우리는 희망을 저버려서는 안 됩니다. 그곳에 희망이 있고 꿈이 있습니다. 사랑이 있고 신념이 있습니다.

할 수 있습니다. 하면 됩니다.

"하나님이 능히 모든 은혜를 너희에게 넘치게 하시나니 이는 너희로 모든 일에 항상 모든 것이 넉넉하여 모든 착한 일을 넘치게 하게 하려 하심이라"_고린도후서 9:8

인간적으로 볼 때 우리는 남북통일을 기대할 수 없고 통일이 되어도 낭패이지만 우리가 그리스도의 십자가를 바라볼 때 그곳에 희망의 불빛이 비취고 있는 것입니다. 우리가 나아가 복음을 전하고 예수가 북한 땅을 점령하면 북한 땅이 화초 동산이 되고 안식의 땅이 될 줄 믿습니다.

그러므로 희망이 있고 꿈이 있고, 내일에 대한 사랑이 있고 신념이 있습니다. 우리에게 궁극적으로 가장 처절한 절망인 죽음이 칠흑 같이 캄캄한 어두움으로 다가와도 우리는 갈보리 산 십자가를 바라볼 때 찬란한 별빛을 발견하고 희망을 헤아릴 수가 있습니다.

우리는 죽음의 마지막 숨을 거둘 때도 고개를 들어 십자가를 바라보면 그곳에 희망의 별빛이 있습니다. 예수님께서 죽었다가 부활하심으로 사망과 음부를 철폐하신 것입니다. 그리스도 안에서는 죽음의 기나긴 동굴이 저편으로 건너가는 터널로 변화되어

버리고 마는 것입니다. 우리는 저편으로 건너간 것입니다. 우리는 동굴에서 녹아져 버린 것이 아니라 터널을 통하여 저 건너편으로 건너간 것입니다. 죽음은 건너가는 하나의 터널에 불과합니다.

"형제들아 자는 자들에 관하여는 너희가 알지 못함을 우리가 원하지 아니하노니 이는 소망 없는 다른 이와 같이 슬퍼하지 않게 하려 함이라 우리가 예수께서 죽으셨다가 다시 살아나심을 믿을진대 이와 같이 예수 안에서 자는 자들도 하나님이 그와 함께 데리고 오시리라 우리가 주의 말씀으로 너희에게 이것을 말하노니 주께서 강림하실 때까지 우리 살아 남아 있는 자도 자는 자보다 결코 앞서지 못하리라 주께서 호령과 천사장의 소리와 하나님의 나팔 소리로 친히 하늘로부터 강림하시리니 그리스도 안에서 죽은 자들이 먼저 일어나고 그 후에 우리 살아 남은 자들도 그들과 함께 구름 속으로 끌어 올려 공중에서 주를 영접하게 하시리니 그리하여 우리가 항상 주와 함께 있으리라 그러므로 이러한 말로 서로 위로하라"_데살로니가전서 4:13-18

우리가 십자가를 바라볼 때 어둠은 사라지고 찬란한 희망의 별빛이 비칩니다. 우리는 그 별빛을 바라보고 희망을 헤아리면서 살 때 천국의 꿈이 우리의 마음속에 가득해지고 천국에 대한 내일의 사랑과 신념이 우리 마음속에 넘쳐나게 되는 것입니다. 십자가에 매달린 예수를 바라볼 수 없는 사람의 가슴속에는 천지를 바라보아도 죽음의 가장 어둡고 캄캄한 절망만 꽉 들어차 있는 것입니다. 하나님은 희망을 품지 않는 사람과 함께 계시지 않습니다. 그리고 희망을 저버린 사람은 광야로 내 몰아쳐 버리는 것입니다.

하나님은 오직 희망이 있는 사람에게 젖과 꿀이 흐르는 내일에 대한 꿈과 사랑과 믿음을 주십니다. 그러므로 우리 주 예수 그리스도 앞에 나온 사람은 절대로 희망을 저버릴 수 없습니다. 갈보리 산 십자가 위에서 예수님은 우리에게 희망의 별빛이 되셨습니다. 아브라함에게 고개를 들어 별들을 헤아릴 수 있는가 보라고 말씀하신 하나님이 오늘날 우리에게 말씀하십니다. "고개를 들어 갈보리 산 십자가에서 예수가 너희를 위해서 이룩한 희망의 별들을 헤아려 보라."

우리가 그 희망을 줄기차게 바라보고 헤아리면서 살 때 우리의 가슴속에 찬란한 꿈이 사라지지 않고 인생과 하나님에 대한 사랑, 인생과 하나님에 대한 믿음도 사라지지 아니할 것입니다. 우리는 내일은 오늘보다, 다음 달은 금번 달보다, 명년은 금년보다 영원한 미래는 오늘보다 더 찬란한 삶이 있다는 희망을 가질 수가 있습니다.

기도

　사랑이 많으시고 거룩하신 아버지 하나님, 오늘날은 절망의 시대입니다. 정치적, 경제적, 군사적 사회 온갖 것을 바라보아도 절망의 회오리바람이 치고 있습니다. 아버지 하나님, 이럴 때 우리는 절망을 바라보지 말고 고개를 들어 하나님이 세우신 갈보리 산 십자가 그리스도를 통하여 희망의 별을 헤아릴 수 있도록 도와주시옵소서. 아브라함의 나이 100세가 되고 그 아내의 나이 90세가 되어서 인간적인 나이로 밤을 맞이했으나, 그들은 고개를 들어 하늘을 쳐다보며 별들을 헤아렸습니다. 하나님은 별들을 헤아리라고 말씀하셨고 별을 헤아리는 그들에게 별 같은 아들 이삭을 주셨습니다. 하나님 아버지여, 우리 가슴속에 별을 다 헤아리게 도와주시옵소서. 우리는 땅을 바라보지 말고 고개를 들어 하늘을 바라보며 높이 달리신 갈보리 산 십자가 예수 그리스도를 바라보고 희망의 별을 헤아리게 도와주시옵소서. 희망을 헤아리고 꿈을 먹으며 사랑과 신념을 가지고 살게 도와주시옵소서. 예수님 이름 받들어 기도합니다. 아멘.

요약

1. 희망을 향해 나아간 아브라함

오늘날 나이가 많고 늙었다고 해서 희망을 저버리는 자에게는 파멸이 다가오게 됩니다. 나이라는 어두운 밤이 아무리 우리를 엄습할지라도 희망이라는 밝은 별을 바라볼 수가 있으면 우리는 결코 삶에 대한 꿈을 상실할 수 없습니다. 꿈이 있는 이상 뜨거운 사랑이 있고, 사랑이 있는 이상 신념을 가지고 인생을 살아갈 수 있습니다. 그 대표적인 인물이 바로 아브라함입니다.

2. 이스라엘 백성이 꿈꾸기를 원하신 예수님

하나님께서는 비록 이스라엘 선민이라도 하나님에 대한 희망을 저버리고 하나님에 대한 꿈을 저버리고 사랑과 신념이 없는 그런 사람에게는 찾아오지 않으십니다. 이스라엘의 원수가 된 이방인이라도 하나님에 대한 꿈을 가진 사람, 하나님에 대한 희망을 가진 사람, 하나님에 대한 사랑과 신념을 가진 사람은 주께서 자기의 종을 보내셔서 도와주십니다.

3. 희망을 저버리면 우리의 삶 속에 광야가 기다린다

꿈을 저버린 사람에게 기다리는 것은 광야밖에 없습니다. 꿈이 없는 사람, 희망이 없는 사람에게는 메마른 광야가 기다립니다. 그러므로 우리의 삶이 광야에서 지내느냐 그렇지 않고 젖과 꿀이 흐르는 땅으로 들어가느냐는 우리의 가슴속에 희망이 있느냐 꿈이 있느냐 사랑과 믿음이 있느냐를 통해서 이루어집니다.

4. 희망은 하나님을 바라볼 때 얻을 수 있다

우리 주 예수 그리스도 앞에 나온 사람은 절대로 희망을 저버릴 수 없습니다. 갈보리 산 십자가를 바라볼 때 어둠은 사라지고 찬란한 희망의 별빛이 비칩니다. 우리가 그 별빛을 바라보고 희망을 헤아리면서 살아갈 때 천국의 꿈이 우리 마음속에 가득해지고 천국에 대한 내일의 사랑과 신념이 우리 마음속에 넘쳐나게 됩니다.

하나님이 노아와 그와 함께 한 아들들에게 말씀하여 이르시되
내가 내 언약을 너희와 너희 후손과 너희와 함께 한 모든 생물
곧 너희와 함께 한 새와 가축과 땅의 모든 생물에게 세우리니
방주에서 나온 모든 것 곧 땅의 모든 짐승에게니라
내가 너희와 언약을 세우리니
다시는 모든 생물을 홍수로 멸하지 아니할 것이라
땅을 멸할 홍수가 다시 있지 아니하리라
하나님이 이르시되 내가 나와 너희와 및 너희와 함께 하는
모든 생물 사이에 대대로 영원히 세우는 언약의 증거는 이것이니라
내가 내 무지개를 구름 속에 두었나니
이것이 나와 세상 사이의 언약의 증거니라
내가 구름으로 땅을 덮을 때에 무지개가 구름 속에 나타나면 내가 나와
너희와 및 육체를 가진 모든 생물 사이의 내 언약을 기억하리니
다시는 물이 모든 육체를 멸하는 홍수가 되지 아니할지라
무지개가 구름 사이에 있으리니 내가 보고 나 하나님과
모든 육체를 가진 땅의 모든 생물 사이의 영원한 언약을 기억하리라
하나님이 노아에게 또 이르시되 내가 나와
땅에 있는 모든 생물 사이에 세운 언약의 증거가 이것이라 하셨더라

창세기 9:8-17

하나님의 언약과 무지개

2000년 12월 3일

하나님의 언약과 무지개
<2000년 12월 3일>

　오늘 저는 여러분과 함께 '하나님의 언약과 무지개'라는 제목으로 말씀을 나누겠습니다. 하나님은 언약의 하나님이십니다. 하나님은 아브라함과 그 후손에게 큰 나라와 민족을 이루어 주실 것을 약속해 주셨습니다. 그리고 아브라함이 85세 때에는 아들을 주실 것을 약속하셨습니다. 하나님께서는 언약을 하나도 남김없이 다 이루셨습니다. 하나님께서는 다윗을 통해 그 후손에게 구세주 메시아가 탄생할 것을 약속하셨는데, 그 약속 그대로 2천 년 전에 유대 땅 베들레헴에서 동정녀 마리아를 통하여 우리 주 예수님을 보내 주셨습니다. 이처럼 하나님은 언약을 주시고 그것을 반드시 실천하는 하나님이신 것입니다. 오늘 우리는 하나님께서 노아의 식구들에게 주신 언약에 관해서 한번 알아보고자 합니다.

하나님이 노아와 세우신 언약

노아 때에 온 세계가 하나님을 반역함으로 하나님께서 하늘 문을 여시고 비를 사십 주 사십 야 동안 부으셔서 온 땅이 물로 덮였습니다. 그리고 생기 있는 모든 동물이 다 물에 빠져 죽었습니다. 그러나 노아는 하나님께 선택을 받아 그와 함께 여덟 식구가 방주를 통해서 구원을 받았습니다. 노아 홍수 때 살아남은 자는 오직 노아와 그 가족 전체 합쳐서 여덟 식구, 그리고 하나님이 정하신 모든 짐승의 암수 몇 쌍이었습니다.

그러나 그 이후가 문제였습니다. 노아와 그 식구들이 방주에서 나오고 난 다음에 정상적인 삶을 살아가기가 굉장히 힘들었습니다. 홍수는 그들에게 심각한 정신적인 타격을 가져왔습니다. 왜냐하면 노아 때까지는 하늘에서 비가 내린 적이 없었기 때문입니다. 오직 이슬이 내려서 땅을 적시고 땅에서 물이 솟아서 농사를 짓고 살았지 하늘에서 비가 내리지는 않았습니다. 그런데 사십 주 사십 야 동안 비가 내리고 온 천지가 물로 덮이고 방주에서 구사일

생으로 여덟 식구가 살아나고 나니 꿈인지 생신지 알 수가 없습니다. 그 심리적인 충격이 말로 다 할 수가 없었습니다. 정상적인 삶을 이어 갈 수가 없는 것입니다. 그들은 바람 소리만 들어도, 구름이 피어오르는 것만 보아도, 빗방울만 떨어져도 놀라서 걸음아 나 살려라 하고 방주 속으로 뛰어 들어갔습니다. 그러니 마음에 안정을 찾을 수가 있겠습니까? 들에서 일할 수도 없습니다. 산에서 일도 못 해요. 바람 소리만 들어도 방주 속으로 뛰어가야 하기 때문입니다. 그런 심리적인 불안이 그들 가운데 있었습니다.

그래서 하나님께서는 그들에게 다시는 홍수로써 세상을 멸하지 않겠다고 언약하시고 그 증거로 하늘에 아름다운 무지개를 주셨습니다.

"내가 너희와 언약을 세우리니 다시는 모든 생물을 홍수로 멸하지 아니할 것이라 땅을 멸할 홍수가 다시 있지 아니하리라 하나님이 이르시되 내가 나와 너희와 및 너희와 함께 하는 모든 생물 사이에 대대로 영원히 세우는 언약의 증거는 이것이니라 내가 내 무지개를 구름 속에 두었나니 이것이 나와 세상 사이의 언약의 증거니라"_창세기 9:11-13

그들은 전에 보지 못한 놀라운 하나님의 언약을 보았습니다. 바람이 불고 먹장구름이 끼면 꼭 구름 사이에 아름다운 일곱 가지

색깔을 가진 무지개가 떠올랐습니다. 그래서 그들은 한동안 '무지개를 믿고 마음에 평안을 얻을 것이냐, 아니면 무지개가 뜨거나 말거나 방주 속에 들어가야 할 것이냐, 환경이냐 무지개냐' 하며 번뇌하고 방황했습니다.

그러나 시간이 흘러 바람이 불고 먹장구름이 덮여도 무지개가 떠오르면 홍수가 나지 않았습니다. '하나님이 약속하신 바가 틀림이 없구나.' 저들은 생각하게 되었습니다. 이렇게 그들은 믿음으로 말미암아 무지개를 바라보며 환경을 극복할 수 있는 안정을 얻게 된 것입니다.

"내가 구름으로 땅을 덮을 때에 무지개가 구름 속에 나타나면 내가 나와 너희와 및 육체를 가진 모든 생물 사이의 내 언약을 기억하리니 다시는 물이 모든 육체를 멸하는 홍수가 되지 아니할지라 무지개가 구름 사이에 있으리니 내가 보고 나 하나님과 모든 육체를 가진 땅의 모든 생물 사이의 영원한 언약을 기억하리라" _창세기 9:14-16

이제 노아와 그 식구들은 바람이 불어도 무지개를 바라보고 먹장구름이 떠도 무지개를 바라보고 굵은 빗방울이 떨어져도 무지개를 바라보았습니다. '무지개가 있다. 하나님의 언약이 있다. 하나님의 언약은 저 하늘이 무너지고 이 땅이 꺼져도 변하지 아니하신다. 그러므로 두려워하지 말자.' 그래서 그들은 점점 방주에서 멀어졌습니다. 이제 그들은 방주가 있어도 그리로 뛰어 들어가지 않습니다. 왜 그럴까요? 하늘에 무지개가 있기 때문인 것입니다. 그러므로 그들의 마음은 이제 바람이나 빗방울보다도 무지개를 의지하게 되고 더는 방주를 의지하지 않게 된 것입니다.

예수님의 갈보리 산 무지개

여러분, 여기에 우리에게 주는 중대한 교훈이 있습니다. 타락한 아담의 후손인 우리도 이 세상에 살면서 거대한 죄악의 홍수를 체험한다는 것입니다. 사람들은 모두 다 죄악으로 인해 홍수에 침몰하여 떠내려갔습니다. 세상과 마귀의 홍수에 함몰되었습니다. 세속에서 벗어날 수 없는 처참한 지경에 떨어지고 마귀의 종이 되었습니다. 심신에 질병의 홍수가 휘몰아쳤습니다. 이 세상에 사는 사람 중에 질병의 홍수에 빠져서 허우적거리지 않은 사람이 없을 지경인 것입니다. 그리고 저주와 가난의 홍수도 휘몰아쳐 옵니다.

오늘날 우리 한국에도 IMF 이후 잠시 동안 반짝 경제가 좋아졌다가 지금은 큰 경제적인 고통과 어려움의 터널 속으로 들어가고 있습니다. 홍수가 휘몰아쳐 오고 있습니다. 많은 사람이 직장을 잃어버리고 대기업이 무너지고 중소기업이 문을 닫고 있습니다. 홍수가 다가오고 있습니다. 이것은 저주와 가난의 홍수인 것입니다.

또, 사람들은 죽음과 멸망의 홍수를 피할 수가 없습니다. 누구든지 다 죽습니다. 사람이 한번 나서 죽는 것은 정한 이치입니다. 그러므로 타락한 아담의 후손은 모두 다 이 저주의 홍수에 빠져 있고 홍수에 떠밀려 가는 비참한 존재인 것입니다. 이 결과로 운명과 환경에 대한 불안과 공포가 우리의 모든 마음을 부여잡고 있습니다. 그 누구도 내일에 대한 확신을 가질 수가 없습니다. 운명과 환경에 대한 불안과 초조와 절망을 마음속에 가지고 허우적거리고 있는 것입니다. 예기치 않게 갑작스레 다가오는 불행의 홍수가 수많은 개인과 가정과 생활을 파멸시키고 있는 것을 우리는 너무나 잘 알고 있습니다.

인간은 홍수를 피하기 위해서 여러 가지 종류의 방주를 만들었습니다. 국가라는 방주도 만들고 과학이라는 방주도 만들고 예술과 사회 보장 제도 등 홍수를 피할 수 있는 여러 가지 방주를 만들어서 홍수가 나면 그 방주로 뛰어 들어가서 피했습니다. 그러나 그 방주는 우리의 영원한 피난처가 되지 못합니다. 홍수가 다가오면 국가도 우리에게 영원한 피난처가 되지 못합니다. 사회 보장 제도도 우리에게 영원한 안식처가 될 수가 없습니다. 인간이 만든 과학이나 문화나 예술도 우리에게 항구적인 방주가 될 수 없습니다. 사람들은 홍수를 피해서 방주에 들어갔다 나왔다 하지만 그것이 영원한 마음에 안심을 줄 수가 없습니다.

그러나 하나님께서 노아에게 비와 바람과 구름을 이길 수 있는 무지개를 주셨듯이, 오늘을 살아가는 우리에게도 죄악과 세속과 슬픔과 질병과 저주와 가난과 죽음의 홍수를 극복할 수 있는 무지개를 주셨습니다.

여러분, 지금으로부터 2천 년 전에 하나님께서는 독생자 예수 그리스도를 보내사 갈보리 산 십자가 위에 매달리게 하시고 그 흘린 피로써 오색 무지개를 그려 놓으셨습니다. 갈보리 산을 바라보면 예수님의 십자가에서 그 피로 물들여 그려 놓으신 오색 무지개가 있습니다. 그 무지개를 우리가 바라보면 우리에게 다가오는 모든 운명적인 불안과 공포와 절망을 이길 수 있습니다. 불안이 찾아와도 인간적인 방주 속으로 뛰어 들어가지 않고도 우리는 살아갈 수 있는 용기와 힘을 얻을 수가 있습니다. 노아와 그 여덟 식구에게만 무지개가 있는 것이 아니라 오늘 우리에게도 바라보고 피할 수 있는 무지개가 있는 것입니다.

우리는 갈보리 산 십자가 위에 떠 있는 찬란한 오색 무지개, 그 무지개를 상상하고 바라보아야 합니다. 거기에는 의와 영광의 무지개가 있습니다. 죄악의 먹장구름이 하늘을 덮으면 예수 그리스도의 보혈로 말미암아 용서와 의와 영광의 무지개가 생기는 것입니다. 예수 그리스도의 보혈을 의지하면 모든 죄는 용서받고 모든 죄는 극복하고 그곳에서 하나님의 의와 영광을 주신다는 언약의 무지개가 뜨기 시작하는 것입니다. 주님이 띄어 놓은 언약의 무지개인 것입니다.

"그러므로 이제 그리스도 예수 안에 있는 자에게는 결코 정죄함이 없나니 이는 그리스도 예수 안에 있는 생명의 성령의 법이 죄와 사망의 법에서 너를 해방하였음이라"_로마서 8:1-2

우리를 바라보면 죄악의 홍수가 다가오고 바람이 치고 죄악의 소낙비가 쏟아지지만, 언약의 무지개를 바라보면 예수님의 보혈로 말미암아 죄를 짓고 불의하고 추악하며 버림을 받아야 마땅함에도 불구하고 용서와 의와 하나님의 영광이 약속되어 있다는 것을 보여 주는 것입니다. 그러므로 우리는 마음에 평안을 누릴 수 있습니다. 죄를 극복할 수 있는 용기와 힘을 얻을 수가 있는 것입니다.

세상과 세상 나라와 마귀의 먹장구름이 하늘을 덮고 세상의 바람이 불어오고 마귀의 빗방울이 쏟아지더라도 우리의 마음이 담대한 것은 십자가 위에 하늘나라와 성령충만의 아름다운 무지개가 떠 있기 때문입니다. 하나님께서는 예수 그리스도의 보혈로 세상과 마귀를 이기시고 세상 나라 대신에 하늘나라를, 마귀 대신에 성령을 주시겠다는 아름다운 약속의 무지개를 십자가 위에 띄워 놓으신 것입니다.

우리는 그 십자가를 바라보고 그 무지개 언약을 의지해야만 되는 것입니다. 우리는 다시 세상의 방주로 뛰어 들어갈 필요도 없고 불안과 공포에 떨 필요도 없습니다. 세상이 우리에게 다가와도 마귀가 우리에게 와도 우리는 그 언약의 무지개를 바라보면 됩니다. 거기에 예수의 피로써 마귀와 세상을 이긴 하나님의 역사가 있기 때문에, 그것을 의지하면 마귀는 한 길로 왔다가 일곱 길로 도망치고 마는 것입니다. 세상은 우리에게 왔다가 쫓겨 나가고 그 대신 하늘나라와 성령이 우리에게 충만하게 채워 지는 것입니다.

"그의 성령을 우리에게 주시므로 우리가 그 안에 거하고 그가 우리 안에 거하시는 줄을 아느니라"_요한일서 4:13

이 세상에는 심신의 질병이라는 먹장구름이 우리를 덮을 때가 있습니다. 마음이 우울하고 좌절되며 비관하고 부정적으로 되고 불안과 공포가 얼마나 많습니까? 육신이 치료받을 수 없는 병에 걸려서 이제는 죽음을 바라볼 수밖에 없는 그런 불안함도 우리에게 있는 것입니다.

우리에게 끊임없이 질병의 먹장구름이 끼고 바람이 불고 빗방울이 떨어집니다. 그럴 때에 어떻게 해야 할까요? 그때 갈보리 산 십자가를 바라보면 그곳에 언약의 무지개, 기쁨과 치료의 무지개가 떠 있는 것입니다.

"그가 네 모든 죄악을 사하시며 네 모든 병을 고치시며 네 생명을 파멸에서 속량하시고 인자와 긍휼로 관을 씌우시며 좋은 것으로 네 소원을 만족하게 하사 네 청춘을 독수리 같이 새롭게 하시는도다"_시편 103:3-5

이것이 무지개입니다. 여러분, 하나님이 우리에게 언약하셔서 십자가에 띄워 놓은 무지개입니다. 그것을 바라보고 심신의 질병이라는 먹장구름을 극복하고 그 공포에서 해방을 얻어야 하는 것입니다. 왜냐하면 하나님의 언약은 파할 수 없기 때문인 것입니다. 우리의 현실 생활이 아무리 어둡고 캄캄하며 저주와 가난의 먹장구름이 덮고 빗방울이 떨어질지라도 우리는 그 환경을 바라보고 두려워할 필요가 없어요.

　매일같이 뉴스를 보면 먹장구름이 떠 있습니다. 경제적으로 사회적으로 어려움이 덮여 있습니다. 바람이 불고 비가 떨어집니다. 이러한 먹장구름이 하늘을 덮고 있습니다.
　오늘날도 수많은 사회단체가 일어나서 자기들의 주장을 관철시키기 위해 요란스럽게 데모를 하고 있습니다. 이럴 때 우리는 어떻게 해야 할까요? 우리가 고개를 들어 십자가를 쳐다보면 거기에 축복과 형통의 무지개가 떠 있는 것입니다.
　여러분, 이 세상은 이렇게 저주와 가난과 어려움이 있는데도 불구하고 십자가 위에는 형통과 축복의 아름다운 무지개가 떠 있는 것입니다. 그 무지개는 예수님의 십자가의 피로써 그려 놓으신 무지개인 것입니다. 여기에 아브라함에게 복을 주는 무지개가 떠 있는 것입니다.

　"그리스도께서 우리를 위하여 저주를 받은 바 되사 율법의 저주에서 우리를 속량하셨으니 기록된 바 나무에 달린 자마다 저주 아래에 있는 자라 하였음이라 이는 그리스도 예수 안에서 아브라함의 복이 이방인에게 미치게 하고 또 우리로 하여금 믿음으로 말미암아 성령의 약속을 받게 하려 함이라"_갈라디아서 3:13-14

그러므로 우리는 예수 그리스도를 바라보고 우리의 환경에 먹장구름과 바람과 빗방울을 두려워하지 말아야 합니다. 인간적인 생각으로 방주에 뛰어 들어가서 "사람 살려라" 하고 고함칠 필요가 없는 것입니다.

여러분, 우리는 바람과 빗방울과 먹장구름을 극복할 수가 있습니다. 저주를 극복하고 가난을 극복하고 실직을 극복할 수 있는 것은 "사람이 떡으로만 살 것이 아니요 하나님의 입으로부터 나오는 모든 말씀으로 살 것이라"마 4:4고 말씀하셨기 때문인 것입니다. 말씀의 무지개가 떠 있는 것입니다. 우리가 말씀의 무지개를 부여잡고 언약의 하나님께 나아가 기도하면 오늘날에도 하나님의 기사와 이적은 일어납니다.

그러면 죽음과 멸망의 먹장구름이 다가올 때는 우리는 어떻게 해야 할까요? 사망이 엄습해 올 때, 외롭게 혼자 이 세상을 떠나가야만 할 시간이 다가올 때 우리는 어떻게 해야 할까요? 그때 우리가 십자가를 쳐다보면 그곳에 영생과 천국의 아름다운 무지개가 떠 있다는 것을 알아야 합니다.

그러므로 "사망아 너의 승리가 어디 있느냐 사망아 네가 쏘는 것이 어디 있느냐"고전 15:55하고 대결할 수 있는 것은 갈보리 산 위에 십자가에서 예수 그리스도의 피로 세운 언약의 영생과 천국의 아름다운 무지개가 떠 있기 때문인 것입니다.

"주께서 호령과 천사장의 소리와 하나님의 나팔 소리로 친히 하늘로부터 강림하시리니 그리스도 안에서 죽은 자들이 먼저 일어나고 그 후에 우리 살아 남은 자들도 그들과 함께 구름 속으로 끌어 올려 공중에서 주를 영접하게 하시리니 그리하여 우리가 항상 주와 함께 있으리라 그러므로 이러한 말로 서로 위로하라"_데살로니가전서 4:16-18

환경이냐 언약의 무지개냐

여러분, 우리는 이 땅에 파묻혀 썩어지고 영원한 지옥으로 떨어져 불에 타지 않습니다. 왜 그럴까요? 언약의 무지개가 있기 때문입니다. 예수님이 죽었다가 부활하심으로 부활이요 생명이 되셔서 우리를 영원한 생명으로 이끌어 가는 아름다운 언약이 있기 때문인 것입니다. 그러므로 여러분, 우리는 '환경이냐 언약의 무지개냐' 사이에서 방황해서는 안 됩니다.

그러나 많은 사람이 환경을 바라보고 자기의 감각을 의지하고 경험을 의지해서 떨고 있습니다. 노아와 그 여덟 식구도 그랬습니다. 그들이 환경을 바라보면 바람이 불고 먹장구름이 하늘을 덮고 빗방울이 떨어집니다. 대홍수의 경험이 있는 그들은 환경을 바라보면 떨며 방주로 뛰어 들어갈 수밖에 없습니다. 그러나 그 환경 가운데 언제나 무지개가 떠 있었습니다. 하나님의 언약의 무지개가 떠 있음으로 그들은 무지개를 쳐다볼 수 있었던 것입니다.

오늘날도 우리가 처해있는 환경이 어둡고 캄캄하고 절망적으로 될지라도 갈보리 산 십자가 위에 예수 그리스도의 피로써 그려 놓으신 오색 무지개를 바라보아야 합니다. 그래서 우리는 그것을 보고 두려워하지 말고 환경을 극복해야만 하는 것입니다.

"네 평생에 너를 능히 대적할 자가 없으리니 내가 모세와 함께 있었던 것 같이 너와 함께 있을 것임이니라 내가 너를 떠나지 아니하며 버리지 아니하리니 강하고 담대하라 너는 내가 그들의 조상에게 맹세하여 그들에게 주리라 한 땅을 이 백성에게 차지하게 하리라 오직 강하고 극히 담대하여 나의 종 모세가 네게 명령한 그 율법을 다 지켜 행하고 우로나 좌로나 치우치지 말라 그리하면 어디로 가든지 형통하리니 이 율법책을 네 입에서 떠나지 말게 하며 주야로 그것을 묵상하여 그 안에 기록된 대로 다 지켜 행하라 그리하면 네 길이 평탄하게 될 것이며 네가 형통하리라 내가 네게 명령한 것이 아니냐 강하고 담대하라 두려워하지 말며 놀라지 말라 네가 어디로 가든지 네 하나님 여호와야훼가 너와 함께 하느니라 하시니라"_여호수아 1:5-9

그러면 주님이 여호수아에게 계속 당부하신 것은 무엇입니까? "강하고 담대하라"수 1:6입니다. 하나님은 여호수아에게 "강하고 담대하라"는 말을 여러 번 당부하셨습니다. 왜 그러셨을까요? 환경에 위험과 협박과 공갈이 다가올 것이기 때문에, 환경적인 공격이 다가오고 경험의 두려움이 다가올 것이기 때문에 그것을 극복하기 위해서는 하나님의 언약을 기억하고 강하고 담대한 마음을 가져야 한다고 말씀하는 것입니다.

오늘날 우리 성도들도 마음속에 강하고 담대함이 있어야 하는 것입니다. 이스라엘 백성을 인도하여 가나안 일곱 족속을 물리치고 땅을 점령하기 위해서는 구름을 바라보며 떨지 말고 그 안에 있는 무지개를 바라봐야 하는 것입니다. 시험과 환난이 다가오면 그 가운데 하나님의 언약도 함께 다가오는 것입니다. 구름이 뜨고 바람이 불고 비가 내리면 그 안에 무지개도 함께 있는 것입니다. 그러므로 우리는 구름을 보지 말고 언약을 바라보아야 하는 것입니다.

"그리하면 여호와야훼 그가 네 앞에서 가시며 너와 함께 하사 너를 떠나지 아니하시며 버리지 아니하시리니 너는 두려워하지 말라 놀라지 말라"_신명기 31:8

"두려워하지 말라 내가 너와 함께 함이라 놀라지 말라 나는 네 하나님이 됨이라 내가 너를 굳세게 하리라 참으로 너를 도와 주리라 참으로 나의 의로운 오른손으로 너를 붙들리라"_이사야 41:10

여러분, 우리는 구름을 바라보지 말고 구름과 함께 떠 있는 언약의 무지개를 바라보고 마음을 강하고 담대하게 해야만 하는 것입니다. 이 세상에 낭패와 실망과 죄악과 원수 마귀와 질병과 저주만 있는 것이 아닙니다. 그 가운데 십자가 위에 떠 있는 언약의 무지개도 있는 것입니다. 우리가 언약의 무지개를 선택하여 바라보고 두려워하지 말아야 하는 것입니다.

우리 교회 서대문 교구의 어느 성도의 놀라운 간증은 마음에 뜨거운 감동을 줍니다. 그는 경추암에 걸렸습니다. 경추암에 걸려서 목과 턱을 두 번이나 장시간 수술했지만, 그 암이 재발해서 결국 전신 마비가 되었습니다. 병원에서는 이제 더는 소망이 없다고 말했습니다. 그는 죽기만을 기다릴 수밖에 없었습니다. 그 처절한 절망 가운데 그와 그의 어머니는 눈물을 흘리고 하나님께 부르짖어 기도했습니다. 그렇게 기도하고 난 다음에 잠시 잠이 들었는데 꿈에 하나님의 음성이 들려왔습니다.

"네가 사지가 마비되었는데도 나를 믿느냐?"

"주여, 제가 믿나이다."

"믿으면 일어나 걸어라."

경추암에 걸려 이제는 도저히 살아날 수 없는 전신 마비 상태 중에 하나님 음성이 들려온 것입니다. 의사들은 희망이 없다고 죽을 준비를 하라고 했습니다. 그의 삶은 먹장구름이 끼고 바람이 불고 죽음의 비가 내립니다. 그럼에도 불구하고 그와 그 어머니는 하나님의 약속을 바라보았습니다. 그들은 매일같이 "그가 채찍에 맞음으로 너희가 나음을 입었다. 그가 우리의 연약한 것을 친히 담당하시고 병을 짊어지고 가셨다"라고 선포하며 기도를 했습니다. 게다가 하나님이 꿈에 일어나서 걸으라고 했으니 7일 동안 금식을 했습니다.

그리고 난 다음 그는 병원에 가서 MRI 촬영을 했는데 암이 온데간데없습니다. 완전히 나아 버린 것입니다. 그래서 더는 병원에서 치료 받을 필요가 없기 때문에 퇴원했습니다. 그 길로 열심히 교회 나와 하나님을 섬기고 예배드리는 가운데 점점 몸이 건강해졌습니다. 그래서 그는 결혼도 하고 자녀들도 낳고 행복한 가정을 갖고 있습니다.

여러분, 만일 그들이 자신의 몸의 정황을 바라보고, 경추암에 걸려서 온 전신이 마비된 것을 바라보고, 의사들이 이제 살 수 없으니 죽을 준비를 하라는 먹장구름이나 바람이나 빗방울을 바라보았다면 낙심하고 좌절하고 절망하고 죽었을 것입니다. 그러나 그는 그 캄캄한 가운데도 아름다운 무지개를 바라보았습니다. 주님이 십자가 위에서 약속하신 아름다운 무지개를 바라보고 두려워하지 않았습니다. 인간적인 방주로 뛰어 들어가지도 않았습니다. "믿습니다" 하고 금식하고 기도하며 매달리니 하나님의 기적이 임하게 된 것입니다. 그러므로 우리는 하나님을 믿고 강하고 담대할 줄 알아야 하는 것입니다.

여러분, 삶의 폭풍과 구름과 비가 쏟아질 때 부정적으로 생각하면 멸망 당합니다. 노아의 후손들은 훗날에 바벨탑을 쌓았습니다. 왜 그랬을까요? 항상 바람이 불고 구름이 끼고 비가 내리니 홍수가 날까 봐 겁이 난 것입니다. 그래서 홍수가 미치지 못할 하늘에 닿을 탑을 쌓자고 한 것입니다. 노아의 후손들은 바벨탑을 쌓다가 하나님의 심판을 받았습니다.

여러분, 피난처는 바벨탑에 있지 않습니다. 피난처는 오직 하나님의 언약에 있는 것입니다. 그러므로 우리는 항상 언약의 무지개를 바라보고 긍정적 생각을 가져야 하는 것입니다.

"여호와야훼의 손이 짧아 구원하지 못하심도 아니요 귀가 둔하여 듣지 못하심도 아니라 오직 너희 죄악이 너희와 너희 하나님 사이를 갈라 놓았고 너희 죄가 그의 얼굴을 가리어서 너희에게서 듣지 않으시게 함이니라"_이사야 59:1-2

"하나님의 약속은 얼마든지 그리스도 안에서 예가 되니 그런즉 그로 말미암아 우리가 아멘 하여 하나님께 영광을 돌리게 되느니라"_고린도후서 1:20

강하고 담대하여 하나님의 언약의 무지개를 바라보고 우리의 환경에 다가오는 바람과 구름과 비의 홍수를 두려워하지 말아야 하는 것입니다. 그리고 우리는 마음속에 꿈과 희망을 바라보고 늘 감사해야 합니다.

"사람이 감당할 시험 밖에는 너희가 당한 것이 없나니 오직 하나님은 미쁘사 너희가 감당하지 못할 시험 당함을 허락하지 아니하시고 시험 당할 즈음에 또한 피할 길을 내사 너희로 능히 감당하게 하시느니라"_고린도전서 10:13

하나님은 우리에게 여러 가지 시험과 환난이 다가와도 그것을 이길 수 있는 힘을 주셨습니다. 그것이 바로 언약의 무지개인 것입니다. 언약을 바라보면 그 하나님의 언약을 통해서 성령의 능력으로 우리는 능히 모든 것을 극복할 수가 있는 것입니다.

"믿음이 없어 하나님의 약속을 의심하지 않고 믿음으로 견고하여져서 하나님께 영광을 돌리며 약속하신 그것을 또한 능히 이루실 줄을 확신하였으니 그러므로 그것이 그에게 의로 여겨졌느니라"_로마서 4:20-22

아브라함이 바랄 수 없는 중에 바라고 믿을 수 없는 중에 믿고 하나님께 감사를 드렸습니다롬 4:18. 하나님은 그것을 의로움으로 받아들인 것입니다.

여러분, 우리는 수많은 크고 작은 위험과 고난을 헤치고 살아갑니다. 우리의 미래는 인간적으로 볼 때 아무것도 확실한 것이 없는 오리무중인 것입니다. 그 때문에 우리 주위는 불안과 공포의 폭풍우가 항상 불어닥칩니다.

그래도 우리에게는 갈보리 산 위에서 십자가에 달리신 예수님이 그리신 오색 무지개가 있습니다. 믿지 않는 사람은 불안과 공포와 초조와 절망 가운데서 살 수밖에 없습니다. 그들은 항상 인간적인 방주를 만들어야 합니다. 또다시 홍수가 일어나면 피해야 하니 방주로 뛰어가야만 하는 것입니다. 하지만 그 방주는 안전한 피난처가 되지 못합니다. 그러나 예수 믿는 우리에게 하늘과 세상 이 모든 것을 지으신 하나님이 예수님을 갈보리 산 십자가에 못 박아서 우리를 위해 언약의 오색 무지개를 그려 놓으셨습니다. 우리는 바로 그 언약의 무지개를 바라보고 두려움을 극복하고 하나님의 언약을 믿어야 합니다. 그러면 하나님이 말씀하십니다.

"이에 예수께서 그들의 눈을 만지시며 이르시되 너희 믿음대로 되라 하시니"_마태복음 9:29

"예수께서 이르시되 할 수 있거든이 무슨 말이냐 믿는 자에게는 능히 하지 못할 일이 없느니라 하시니"_마가복음 9:23

여러분, 우리가 이 땅에 사는 동안에 죄악의 홍수는 다가오고 세속과 마귀의 홍수도 다가오고 염려, 근심, 불안, 초조, 절망, 좌절의 홍수도 다가오고 질병의 홍수도 다가옵니다. 그리고 가난과 낭패와 실망과 배고픔의 홍수도 다가오고 영원한 죽음과 멸망의 홍수도 다가옵니다. 그 홍수를 가져오는 바람은 지금도 불고 있고 그 먹장구름은 지금도 덮여 있고 굵은 빗방울은 지금도 계속 떨어지고 있습니다. 사람들은 이 홍수를 피하려고 여러 가지 방주를 만들고 바벨탑을 세우고 있습니다. 그러나 그 방주와 바벨탑은 가라앉고 무너집니다.

  하지만 우리에게는 영원한 피난처가 있습니다. 하나님이 갈보리 산 위에서 예수님을 통해서 피로써 세워 놓으신 언약의 오색 무지개가 있습니다. "구름이 뜨거든 무지개를 바라보라. 구름이 덮쳐 오거든 무지개를 바라보라." 하나님의 언약은 어제나 오늘이나 영원토록 변하지 않는 것입니다.

기도

　사랑이 많으시고 거룩하신 우리 아버지 하나님. 우리에게 언약을 주시고 그 언약을 반드시 실천하시는 하나님이 계심을 감사합니다. 노아는 홍수를 경험하고 난 다음에 불안과 공포와 절망에 처해 있었습니다. 바람이 불고 비가 내리고 창수만 나면 이제는 죽었다고 생각했습니다. 그러나 바람이 있을 때 무지개도 있고, 구름이 있을 때 무지개도 있고, 빗방울이 떨어질 때 무지개도 있습니다. 하나님께서는 언약의 무지개를 세워 놓고 그 언약을 믿고 운명과 환경을 극복하라고 말씀하셨습니다. 아버지 하나님 우리의 무지개는 갈보리 산 십자가를 세워 놓은 그리스도의 피로써 그려 놓으신 오색 무지개입니다. 이 무지개를 바라볼 때 우리의 모든 운명과 환경을 극복할 수 있는 믿음과 용기와 능력을 얻고 영혼이 잘 됨 같이 범사에 잘 되며 강건하고 생명을 얻되 넘치게 얻을 수가 있습니다. 아버지 하나님, 그러므로 환경과 운명을 바라보지 말고 고개를 들어 갈보리 산 십자가 위에 그려 놓으신 그리스도의 피의 무지개를 바라보게 도와주시옵시고, 믿음을 갖게 도와주시옵소서. 예수님의 이름으로 기도합니다. 아멘.

요약

1. 하나님이 노아와 세우신 언약

홍수 이후 무지개가 떠오르자 노아와 식구들은 믿음으로 말미암아 무지개를 바라보고 환경을 극복할 수 있는 안정을 얻게 되었습니다. 하나님의 언약을 받았기 때문입니다. 노아와 그 식구들은 이제 바람이 불어도 무지개를 바라보고, 먹장구름이 떠도 무지개를 바라보고, 굵은 빗방울이 떨어져도 무지개를 바라보며 하나님의 언약을 생각하게 되었습니다.

2. 예수님의 갈보리 산 무지개

하나님께서는 독생자 예수 그리스도를 보내시고 갈보리 산 십자가 위에 매달리게 하시고 그 흘린 피로써 무지개를 그려 놓으셨습니다. 우리가 갈보리 산을 바라보며 예수님이 십자가에서 그 피로 물들여 그려 놓으신 오색 무지개를 볼 때, 우리에게 다가오는 모든 운명적인 불안과 공포와 절망을 이길 수 있습니다. 이제 우리는 방주 속으로 들어가지 않고도 이 세상을 살아갈 수 있는 용기와 힘을 얻게 된 것입니다.

3. 환경이냐 언약의 무지개냐

　우리는 계속해서 힘든 환경을 마주하게 됩니다. 그럴수록 우리는 구름을 바라보지 말고 구름과 함께 떠 있는 언약의 무지개를 바라보고 마음을 강하고 담대히 해야 합니다. 이 세상에는 낭패와 실망과 죄악과 원수 마귀와 질병과 저주만 있는 것이 아닙니다. 그 가운데 십자가 위에 떠 있는 언약의 무지개도 있습니다. 그러므로 우리는 언약의 무지개를 선택하여 바라보고 두려워하지 말아야 합니다.

이러므로 우리에게 구름 같이 둘러싼 허다한 증인들이 있으니
모든 무거운 것과 얽매이기 쉬운 죄를 벗어 버리고
인내로써 우리 앞에 당한 경주를 하며
믿음의 주요 또 온전하게 하시는 이인 예수를 바라보자
그는 그 앞에 있는 기쁨을 위하여 십자가를 참으사
부끄러움을 개의치 아니하시더니
하나님 보좌 우편에 앉으셨느니라

히브리서 12:1-2

예수를 바라보자

2011년 11월 13일

예수를 바라보자
<2011년 11월 13일>

오늘 저는 여러분과 함께 '예수를 바라보자'라는 제목으로 말씀을 나누고자 합니다. 우리가 무엇을 바라보는가에 따라서 긍정적으로 되느냐 부정적으로 되느냐 마음의 방향이 달라집니다. 부정적인 마음의 생각은 마음속의 모든 것을 부정적으로 만들기 때문에 그 생각이 그런 환경을 만들어 내는 것입니다.

마음에 가득한 것이 밖으로 나온다고 부정적인 생각이 마음에 가득하면 환경에 그 부정적인 세력을 끌어들여서 주위가 온통 부정적으로 되고 말지요. 반대로 긍정적인 생각이 마음에 가득하면 그 생각이 밖에 나와서 긍정적인 환경을 끌어들이는 것입니다. 그렇기 때문에 우리가 무슨 생각을 하는가에 따라 우리의 마음과 환경이 달라지게 됩니다.

김학중 목사가 쓴 『내 생각의 터닝 포인트』라는 책에는 이런 말이 있습니다. "사람은 생각을 어떻게 하느냐에 따라 인생이 바뀝니다. 행복하다고 생각하면 행복이 찾아옵니다. 행복하다고 선포해 보십시오. 그러면 더 큰 행복이 찾아올 것입니다. 좋은 일만 생각한다면 우리 인생은 더욱 멋진 인생이 될 것입니다."

로버트 슐러 목사의 처남인 프랑크 밴더 마아틴은 18세에 벌써 아이오와 주에 있는 수 카운티에서 제일가는 바이올리니스트였습니다. 그런데 어느 날 아버지가 운영하는 대장간에 구경을 갔다가 무서운 사고를 당했습니다. 빨갛게 달궈진 쇠가 탁 튀어서 왼쪽 손을 때리니 엄지손가락 하나만 남기고 다 타버렸습니다. 바이올리니스트가 손가락이 다 타버렸으니 이제 뭘 가지고 바이올린을 켭니까? 하지만 그는 좌절하거나 낙망하지 않고 남아 있는 엄지손가락 하나로 바이올린 켜는 것을 주야로 연습했습니다. 그는 비관하지 않았습니다. "나는 할 수 있다. 하면 된다. 해 보자." 스스로를 다독였습니다. 그렇게 연습한 끝에 그는 결국 엄지손가락만으로 바이올린을 잘 켤 수 있게 되었고 교향악단의 뛰어난 바이올리니스트가 된 것입니다. 그는 이렇게 말했습니다. "나는 결코 스스로를 불구자라고 생각하지 않았다. 사람은 자기가 불구자라고 생각할 때까지는 불구자가 아니다."

로버트 슐러 목사님도 "불가능한 일이 존재하는 것이 아니라, 불가능하다는 생각이 있을 뿐이다"라고 말했습니다. 불가능하다고 생각하면 모든 것이 불가능합니다. 그러나 가능하다고 생각하면 또 모든 것이 가능해질 수가 있는 것입니다. 우리가 무엇을 바라보며 어떤 생각을 하느냐에 따라 인생이 달라진다는 것을 알아야 하는 것입니다.

땅을 먼저 보는 사람들

땅을 먼저 보고 난 다음에 인생을 사는 사람들이 허다합니다. 더구나 예수 믿는 사람들이 땅을 먼저 바라보고 환경과 다가오는 풍랑을 먼저 바라본 다음에 하나님을 쳐다보면, 마음이 착잡해지고 우울해지고 좌절하고 절망하고 하늘의 창문에 커튼이 내리게 되어 그 마음이 우울해지고 상당한 저항감이 생깁니다. 땅은 어떠한 곳입니까? 땅은 공허한 곳입니다. "헛되고 헛되며 헛되고 헛되니 모든 것이 헛되도다"전 1:2라는 전도서 기자가 말한 것처럼 땅에 있는 모든 것 중 영원한 것은 하나도 없습니다.

어제 한 사업가하고 이야기를 했는데 그가 하는 말이 "이 세상에서 아무리 돈을 벌어도 죽을 때 하나도 가져가지 못하고, 돈을 많이 벌면 벌수록 걱정도 더 많아지고, 다른 사람보다 더 많이 먹을 수 있는 것도 아니고, 행복하냐고 물으면 행복하지도 않습니다"라는 것입니다. 여러분, 우리는 이 세상 어느 곳이든 하나님을 떠난 곳이 곧 저주받고 가시와 엉겅퀴가 번성한 곳이며, 수고와 고생의 처소로 하나님이 저주해 버리신 곳입니다.

"아담에게 이르시되 네가 네 아내의 말을 듣고 내가 네게 먹지 말라 한 나무의 열매를 먹었은즉 땅은 너로 말미암아 저주를 받고 너는 네 평생에 수고하여야 그 소산을 먹으리라 땅이 네게 가시덤불과 엉겅퀴를 낼 것이라 네가 먹을 것은 밭의 채소인즉" _창세기 3:17-18

하나님께서 저주해 버리신 곳에 살고 있는 것입니다. 그래서 땅은 공허할 뿐만 아니라 혼돈이 가득합니다. 우리가 사는 이 땅은 피나게 생존 경쟁을 하는 경쟁의 땅이요, 죄와 악이 점령한 땅이요, 삶의 의미를 상실한 땅입니다. 마귀가 점령한 땅이니 마귀는 가는 곳마다 사람들 마음속에 탐욕과 교만을 넣어 줍니다. 인간의 공허한 마음에 탐욕과 교만이 언제나 먼저 자리잡음으로 말미암아 무서운 시기와 질투가 존재하는 것입니다.

"사람들이 자기를 사랑하며 돈을 사랑하며 자랑하며 교만하며 비방하며 부모를 거역하며 감사하지 아니하며 거룩하지 아니하며 무정하며 원통함을 풀지 아니하며 모함하며 절제하지 못하며 사나우며 선한 것을 좋아하지 아니하며"_디모데후서 3:2-3

옛날이나 오늘날이나 사람의 심정은 똑같습니다. 가장 충격적인 것은 많은 은혜를 베푼 후에 은혜받은 사람이 그 감사를 말끔히 잊어버리고 만다는 것입니다. 오히려 은혜를 원수로 갚을 때가 많습니다. '원한은 물에 새기고 은혜는 돌에 새겨라'는 옛말이 있습니다. 사람들은 은혜받은 것을 꼭 잊지 말고 감사할 줄 알아야 하는 것입니다. 그래야 하나님의 온전한 축복을 받을 수 있는 자격이 있습니다.

이 땅은 혼돈의 땅입니다. 불안의 땅입니다. 죄책의 불안, 허무와 무의미의 불안, 죽음의 공포의 땅입니다.

"나에게는 평온도 없고 안일도 없고 휴식도 없고 다만 불안만이 있구나"_욥기 3:26

"내일 일을 너희가 알지 못하는도다 너희 생명이 무엇이냐 너희는 잠깐 보이다가 없어지는 안개니라"_야고보서 4:14

이 땅은 절망이 가득한 땅입니다. 문제의 스트레스에 몸부림치는 곳입니다. 우리의 삶 어느 곳을 봐도 스트레스가 없는 곳이 없습니다. 가정주부도 스트레스가 쌓이고 있고 남편도 직장에서 스트레스가 쌓이고 있고 자녀들도 요사이 학교 공부에 엄청난 스트레스가 쌓이고 있는 것입니다.

로버트 새폴스키 박사는 스탠퍼드대학교의 신경학과 신경외과 교수로 만성적인 스트레스가 신체적, 정신적으로 미치는 영향을 연구했습니다. 그 결과 세계 최초로 스트레스가 뇌의 신경 세포를 파괴한다는 것을 증명했습니다. 최근에 『스트레스』라는 책을 출간했는데 그는 스트레스가 소화 불량이나 편두통뿐만 아니라 심장병, 고혈압, 퇴행성 뇌 질환 등 심각한 질병의 원인이 된다고 강조했습니다.

현대인들은 너무나 많은 스트레스 속에 살기 때문에 이제는 스트레스로 사는 것을 보통으로 생각하고 그것이 가져오는 엄청난 질병의 고통 속에 있으면서도 알지 못하고 있는 것입니다. 누구나 스트레스가 일상적인 생활이 되어서 자기 몸과 마음이 그로 말미암아 매일같이 파괴되고 있다는 것을 알지 못합니다. 스트레스가 반복적이고 만성적으로 되면 각종 질환뿐 아니라 노화나 우울증,

불안 장애 등과 같은 정신적인 질병이 발생하는 것입니다.

우리는 언제 스트레스를 받나요? 직장, 학교 문제뿐만 아니라, 사소하게는 집 앞 골목길에서의 주차 시비와 요즘 같으면 전셋값 폭등과 물가 인상 등 우리 생활 주변 곳곳에서 스트레스를 받습니다. 문제의 스트레스 속에서 몸부림치는 땅은 절망이 가득한 땅인 것입니다.

땅을 보고 하늘을 보면 효과가 없다

하늘을 나중에 보고 땅을 먼저 보고 사는 사람은 하늘이 효과가 없습니다. 땅을 먼저 보고 난 다음 스트레스가 마음에 들어차서 마음이 캄캄한 채로 하늘을 바라보면 올바른 계시가 임하지 않는 것입니다. 땅에서 위축되고 스트레스를 받아 낙심되고 무력함 속에 하늘에 계신 하나님을 보니 지금 여기에서는 찾아볼 수 없는 옛날에 계셨던 하나님밖에 없습니다. 오늘 이 자리에 나와 함께 계신 하나님을 볼 수 있어야 하는데, 염려, 근심, 불안, 초조가 꽉 들어찬 상태에서 하늘을 바라본 사람은 그 속에서 하나님을 찾아볼 수가 없습니다.

그리고 땅을 먼저 본 사람은 기적이 사라진 하나님, 문제의 해답을 주지 않는 하나님만 생각합니다. '하나님은 어디에 계신가? 기적은 어디에 있는가?' 그런 질문을 하면서 좌절하는 것입니다.

어떤 사람들은 "신은 인간의 지성이 만들어 낸 것이다. 과학과 이성의 지배하에 있는 사람들에게 하나님이란 없다. 신은 사람이 만들어 낸 것이다"라고 말하고, 또 어떤 지성인은 "마음이 바로 하나님이다. 이름을 가톨릭이나 기독교나 불교나 도교로 바꾸어 붙였지 마음이 하나님이다"라고 말했습니다. 이런 말을 하고 들은 사람이 참된 신앙을 가질 수가 없습니다. 점점 우리의 현실과 삶에 관계없는 학문적인 하나님이 되고 마는 것입니다.

오늘날 많은 사람의 가장 큰 문제는 하나님에 대한 인식입니다. 그들에게는 우리의 현실 생활과 동떨어진 하나님, 옛날이야기 속의 하나님, 학문적인 하나님, 종교적인 하나님만 계시지, 현재 우리와 함께 웃고 울고 고통을 나누는 하나님인 줄 모르고 있다는 사실인 것입니다.

스위스의 법학자이며 철학자인 카를 힐티는 현대인이 고난을 무서워하는 원인에 대해서 이렇게 말했습니다. "현대인의 특징인 고난 공포증은 하나님을 믿지 않기 때문이다. 하나님을 두려워하지 아니하면 현대 생활은 모든 환경을 두려워한다." 그의 설명에 의하면 하나님을 두려워하지 않는 사람은 그 마음에 자연스럽게 세상에 대한 두려움으로 채워진다는 것입니다.

신학자 뱅겔은 "하나님만 두려워하는 사람은 그 외의 것에 대해서는 조금도 두려워하지 않는다. 그러나 하나님을 두려워하지 않는 사람은 하나님 외의 모든 것을 두려워한다"라고 말했습니다.

또, 어거스틴은 "무엇보다 하나님을 두려워하라. 그러면 사람들이 조금도 두렵지 않다"라고 말했습니다. 하나님이 나를 위하시면 사람이 내게 어찌 하리요. 살고 죽는 권세가 하나님께 있으니 하나님께 맡긴 다음 뭘 두려워하겠습니까?

오늘날 많은 사람이 하나님을 알지 못하고 땅의 삶에 위축되어 세상 모든 것에 불안과 두려움을 가지고 살아갑니다. 거기에는 문제의 해답을 주는 하나님은 안 계시고 인간의 지성이 만들어 낸 이성적이고 학문적인 하나님만 있을 뿐, 그 어떤 기적도 일어나지 않습니다.

하늘을 보고 땅을 봐야 한다

우리는 이제 먼저 하늘을 보고 그다음에 땅을 보아야 합니다. 우리는 아침에 일어났을 때도 신문을 펼치기 전에 가장 먼저 성경부터 펼쳐서 하나님과 만나고 그다음에 신문도 보고 세상일을 해야 하는 것입니다. 우리가 직장에 나갈 때도 먼저 하나님 말씀을 보고 하나님 말씀을 생각하고 난 다음에 직장에 나가면 직장의 무거운 짐을 짊어질 수 있는 하나님이 같이 계신 것을 믿을 수가 있는 것입니다.

"이러므로 우리에게 구름 같이 둘러싼 허다한 증인들이 있으니 모든 무거운 것과 얽매이기 쉬운 죄를 벗어 버리고 인내로써 우리 앞에 당한 경주를 하며 믿음의 주요 또 온전하게 하시는 이인 예수를 바라보자 그는 그 앞에 있는 기쁨을 위하여 십자가를 참으사 부끄러움을 개의치 아니하시더니 하나님 보좌 우편에 앉으셨느니라"_히브리서 12:1-2

그러므로 먼저 예수를 바라보고 난 다음에 이 땅을 바라봐야 하는 것입니다. 예수를 바라보면 우리의 죄가 아무 능력이 없습니다. 죄를 사한 예수님이 보입니다. 예수를 보면 우리가 속한 추한 세상의 모든 허물이 아무 상관 없어집니다. 주께서 다 용서하시고 성령으로 채워 주시기 때문입니다. 예수님을 바라보면 병이 힘을 잃어버립니다. 그가 채찍에 맞음으로 나은 것을 보고 믿을 수가 있는 것입니다. 예수님을 보면 예수님께서 우리의 저주와 낭패와 실망을 짊어지고 가셨기 때문에 그런 것들을 두려워하지 않게 됩니다. 예수를 바라보고 죽으면 죽음도 겁나지 않습니다. 영원한 생명이 있는 것을 알기 때문입니다.

　예수를 바라보지 않고 죄를 바라보면 죄에 압도되어 버리는 것입니다. 예수를 바라보지 않고 추한 환경을 바라보면 추한 환경에 압도되고 허물의 노예가 되어버립니다. 예수를 바라보지 않고 암이다, 관절염이다, 저주받은 병을 바라보면 절망하고 마는 것입니다. 예수를 바라보지 않고 일터만 바라보면 직장도 잃고 사업도 망하고 생활에 고통이 다가옵니다. 그것만 바라보면 인생이 좌절되고 마는 것입니다. 예수 없이 죽는다고 생각해 보십시오. 말할 수 없는 좌절과 절망 가운데서 죽을 것입니다. 그러므로 우리는 먼저 하늘을 보고 예수님을 바라본 다음에 이 땅을 바라봐야 하는 것입니다. 우리는 어떻게 하늘을 바라봐야 합니까? 예배와 말씀과 기도를 통해서 바라봐야 하는 것입니다.

　여러분이 일주일의 시작인 오늘, 교회에 나와서 예배드리면 그 다음에 다가오는 주일까지 하나님이 같이 계신다는 믿음을 가지고 살아갈 수가 있는 것입니다. 월, 화, 수, 목, 금, 토 하나님이 나와 같이 계셔서 일주일 동안 나를 붙들어 주신다는 믿음을 얻을 수가 있는 것은 오늘 하나님을 바라보고 하나님의 은혜와 말씀을 받았기 때문인 것입니다. 오늘 예배를 드리고 말씀을 들으면 살아 계시고 지금 여기에 계신 하나님을 만나게 되는 것입니다. 2천 년 전의 하나님이 아닙니다. 이스라엘의 하나님이 아닙니다. 지금 나의 하나님이 되신 것입니다.

"예수 그리스도는 어제나 오늘이나 영원토록 동일하시니라"_히브리서 13:8

어제의 죄를 사하신 예수님이 오늘의 죄를 사하시고, 어제의 귀신을 쫓아내신 예수님이 오늘 이 자리에서 귀신을 쫓아내시고, 어제 병을 고치신 예수님이 오늘 지금 병을 고쳐 주시고, 어제 저주를 제하고 가난한 자에게 먹을 것을 주신 예수님이 오늘 일용할 양식을 주시는 주님인 것입니다. 주님은 어제나 오늘이나 영원토록 동일하다고 성경은 말씀하고 있는 것입니다. "오직 여호와야훼는 참 하나님이시요 살아 계신 하나님이시요 영원한 왕이시라"렘 10:10 이 하나님은 우리의 기도를 들어 주시는 하나님이신 것입니다.

"구하라 그리하면 너희에게 주실 것이요 찾으라 그리하면 찾아낼 것이요 문을 두드리라 그리하면 너희에게 열릴 것이니 구하는 이마다 받을 것이요 찾는 이는 찾아낼 것이요 두드리는 이에게는 열릴 것이니라 너희 중에 누가 아들이 떡을 달라 하는데 돌을 주며 생선을 달라 하는

데 뱀을 줄 사람이 있겠느냐 너희가 악한 자라도 좋은 것으로 자식에게 줄 줄 알거든 하물며 하늘에 계신 너희 아버지께서 구하는 자에게 좋은 것으로 주시지 않겠느냐"_마태복음 7:7-11

얼마나 강력한 말씀입니까? 자식이 떡을 달라고 하는데 누가 돌을 줍니까? 생선을 달라고 하는데 뱀을 줄 부모가 어디에 있어요? 하나님은 비유로 말씀하세요. "너희가 악하지 않으냐? 탐욕과 욕심이 꽉 들어차고 교만한 너희가 그런데도 불구하고 자식에게는 좋은 것을 줄줄 알거든 하물며 천부께서 너희 구하는 자에게 좋은 것을 안 주시겠느냐?"라고 말씀하신 것입니다.

하나님은 좋은 것을 주십니다. 한번 따라 말해 보세요. "하나님 아버지는 그 아들을 아끼지 않고 주셨으므로 그 아들과 함께 좋은 것을 주신다. 하나님은 좋으신 하나님이시다." 여러분의 하나님은 좋으신 하나님입니다. 여러분의 아버지는 좋으신 아버지입니다. 오래 참고 견디며 여러분을 품고 돌보아 주는 선량하고 좋으신 하나님 아버지라는 것을 믿고 알아야 하는 것입니다.

하나님은 우리의 삶과 환경을 다스릴 수 있는 힘이 있습니다. 무능한 하나님이 우리를 아무리 품어 준 들 무슨 소용이 있겠습니까? 우리 하나님은 좋으신 하나님이십니다. 우리가 하나님을 향해서 "여호와야훼는 나의 피난처다. 나의 요새다. 나의 의뢰하는 하나님이 되신다. 저가 나를 사냥꾼의 올무에서 건지시고 극한 염병도 다 치료해 주신다"라고 말할 수 있는 것입니다시 91:2-3. 이런 하나님이 되어야 하는 것입니다. 그래야 내가 그 하나님의 날개 밑에 거하고 안심할 수가 있지, 하나님이 무능하고 능력이 없고 죽은 우상이면 무슨 소용이 있겠습니까?

그래서 성경은 "주 하나님이 이르시되 나는 알파와 오메가라 이제도 있고 전에도 있었고 장차 올 자요 전능한 자라 하시더라"계 1:8고 말씀하셨고, "상전의 손을 바라보는 종들의 눈 같이, 여주인의 손을 바라보는 여종의 눈 같이 우리의 눈이 여호와야훼 우리 하나님을 바라보며 우리에게 은혜 베풀어 주시기를 기다리나이다"시 123:2라고 말씀하시는 것입니다. 하나님을 바라보라! 하나님이 은혜를 주시고 응답을 주시는 것입니다. 세상을 바라보지 않고 하나님을 바라본다는 것은 이렇게 좋은 것입니다.

스티븐 스캇은 대학을 졸업하고 6년 동안 가는 곳마다 해고를 당했습니다. 직장을 얻으면 목이 날아가고 또 직장을 얻으면 해고를 당하고 그래서 너무 좌절해서 자살하려고 생각했습니다. 그러던 중 게리 스몰리라는 박사를 만났는데 그가 하는 말이 "이 사람아, 낙심하지 말고 하루를 시작하기 전에 잠언 한 장씩만 읽어봐

라. 많이 읽으라고 안 한다. 매일 잠언 한 장씩만 읽어봐라. 네 생애에 변화가 다가올 것이다"라는 것입니다. 스캇은 박사님의 권유에 따라 매일 잠언을 한 장씩 읽으며 어제와 다른 오늘을 만들려고 말씀을 따라 노력했습니다. 그 후, 점점 하나님의 놀라운 은총과 축복이 임하여서 마케팅 사업가로 성공하고 열 개 회사의 사장이 되었습니다. 그뿐만 아니라 『솔로몬 부자학 31장』 등 여러 권의 베스트셀러를 저술하고 강연을 다니며 다양한 활동을 하면서 그가 꿈꾸던 행복과 성공을 이루었습니다. 그는 이렇게 말했습니다. "매일 아침 성경을 한 장씩 읽으면 2년 안에 똑똑하게 되고, 5년 안에 엄청난 부자가 된다." 성경은 "먼저 그의 나라와 그의 의를 구하라 그리하면 이 모든 것을 너희에게 더하시리라"마 6:33고 말씀합니다. 하나님 말씀을 읽고 듣고 묵상하는 것이 그 나라와 그 의를 구하는 제일 첫 발자국인 것입니다.

여러분, 땅만 보던 우리가 말씀과 기도 가운데 하늘을 바라보면 하늘 문이 열려 있는 것을 발견하게 됩니다. 우리가 하늘 문을 통해 하나님 보좌를 바라보고 예배하고 기도할 때 아브라함의 축복이 임하는 것을 알 수가 있게 되는 것입니다. 사랑과 복을 주시는 하나님을 깨달아 안다는 것은 굉장히 중요합니다. 사람들은 하나님을 무서운 하나님, 심판하는 하나님, 징계하는 하나님, 지옥에 잡아넣는 하나님과 같이 부정적인 하나님으로 믿고 있는 것입니다. 사람들이 하나님에 대해서 너무 부정적인 생각을 가지고 있습니다.

우리가 옛날에 부모님을 생각하면 아버지는 언제나 무섭고 고함치고 심판하고 채찍으로 때리는 이미지를 가지고 있기 때문에 아버지를 회피합니다. 그러나 어머니는 자비하고 사랑하고 품에 품어 주고 격려해 주는 어머니를 기억하기 때문에 어머니의 이미지가 늘 마음에 남아 있는 것입니다. 우리 하나님은 사랑과 복을 주시는 하나님이라는 것을 우리가 마음속에 깊이 알아야 합니다.

"네가 네 하나님 여호와야훼의 말씀을 삼가 듣고 내가 오늘 네게 명령하는 그의 모든 명령을 지켜 행하면 네 하나님 여호와야훼께서 너를 세계 모든 민족 위에 뛰어나게 하실 것이라 네가 네 하나님 여호와야훼의 말씀을 청종하면 이 모든 복이 네게 임하며 네게 이르리니 성읍에서도 복을 받고 들에서도 복을 받을 것이며 네 몸의 자녀와 네 토지의 소산과 네 짐승의 새끼와 소와 양의 새끼가 복을 받을 것이며 네 광주리와 떡반죽 그릇이 복을 받을 것이며 네가 들어와도 복을 받고 나가도 복을 받을 것이니라" _신명기 28:1-6

하나님의 말씀을 삼가 듣고 오늘날 네게 명령하는 그의 모든 명령을 지켜 행하면 이러한 복이 따르겠다고 말씀하시는데, 하나님을 믿어서 손해날 것이 어디 있습니까? 우리나라가 어떻게 이렇게 갑자기 잘 살게 되었습니까? 어떻게 세계 열한 번째가 되는 부자 나라가 되었습니까? 그것은 우리 한국에 그만큼 교회가 늘어나고 성도 수가 늘어났기 때문인 것입니다. 하나님이 복 주시는 사람들이 성읍에 있으면 성읍이 복을 받고 들에 나가면 들이 복을 받고 자녀를 기르거나 토지의 소산과 짐승을 기르면 짐승의 새끼까지 복을 받는다고 하셨습니다. 우리가 들어와도 복을 받고 나가도 복을 받으니까 한국에 이렇게 복이 넘쳐나는 것입니다.

우리 여의도순복음교회가 복이 넘쳐나는 것은 여러분같이 복 받은 사람들이 이렇게 많이 와 있기 때문인 것입니다. 여러분 덕분에 복이 임할 수밖에 없어요. 여러분이 교회 와서 예배드리고 다른 복 받은 사람과 함께 예배드리면 복이 열 배, 스무 배가 되는 것입니다. "나는 집에서 혼자 인터넷을 통해 예배드린다. 나는 손전화기를 통해서 예배 드린다"라고 말하는 사람도 있을 것입니다. 예배드리는 것은 좋습니다. 안 드리는 것보다는 좋습니다. 그러나 복은 없습니다. 복 받은 사람과 같이 있어야 복을 받는 것입니다. 그래서 성경은 "두세 사람이 내 이름으로 모인 곳에는 나도 그들 중에 있느니라"마 18:20고 말씀하고 있는 것입니다. 하나님이 복을 주는 가운데 있으면 복이 임하는 것입니다. 주일날은 하나님이 복 준 날이요, 그날에 함께 교회 모여서 예배드리면 굉장한 복을 받는 여러분이 되는 것입니다. 사랑과 복을 주시는 하나님이 우리 아버지인 것을 잊지 마시기 바랍니다.

그뿐만 아니라 하나님은 여러분의 기도를 들어 주시고 매일 우리의 짐을 져 주시는 하나님인 것입니다. 우리 중 짐 없는 사람은 없지 않습니까? 우리가 수고하고 무거운 짐을 다 짊어질 때 우리 하나님께서 짐을 같이 짊어져 주신다고 하지만, 실제로는 "너희 짐을 내게 다 맡겨라. 내가 짊어져 주겠다"라고 말씀하신 것입니다.

이스라엘 백성은 밭을 매거나 논을 갈 때 어미소에게 멍에를 얹어 놓고 그 밑에 새끼소를 넣어서 밭 가는 것을 가르칩니다. "이랴!" 하면 어미소가 땀을 뻘뻘 흘리고 쟁기를 끌고 갑니다. 그러면 새끼소는 어미소를 보고 '이상하다. 하나도 안 무거운데 뭐 저렇게 애를 쓰지?'라고 생각하는 것입니다. 왜냐하면 멍에는 어미소의 목에 걸렸고 새끼는 어미 멍에 밑에 같이 따라가니까 안 무겁지요. 그래서 예수님이 "수고하고 무거운 짐 진 자들아 다 내게로 오라…이는 내 멍에는 쉽고 가벼움이라"마 11:28, 30고 말씀하는 것입니다. 예수님이 멍에를 걸머져 줄 터이니 여러분은 그 밑에 들어와서 따라만 오라는 것입니다. 믿고 순종하면 주님이 무거운 짐을 다 걸머져 주겠다. 매일같이 그렇게 하겠다고 말씀하는 것입니다.

"날마다 우리 짐을 지시는 주 곧 우리의 구원이신 하나님을 찬송할지로다 (셀라)"_시편 68:19

예수님은 어제만 그러시는 것이 아니라 오늘도 짐을 져 주십니다. 날마다 짐을 져 주시는 것입니다. 걱정한다고 안될 것이 되지 않습니다. 그러므로 그냥 주님께 내어 맡기고 그 예수님의 멍에 밑에 들어가십시오. 살든지 죽든지 흥하든지 망하든지 성하든지 쇠하든지 '주여 믿고 의지합니다'라고 말할 때 주님이 책임져 주시는 것입니다. "한두 사람만 오는 것이 아니라 전부 다 내게로 오라. 내가 너희를 쉬게 하겠다"라고 주님께서 말씀하시는 것입니다. 그러므로 우리는 이 세상에 무거운 짐을 지고 살지 말고 주님께 맡기고 평안하게 살아야만 하는 것입니다.

"수고하고 무거운 짐 진 자들아 다 내게로 오라 내가 너희를 쉬게 하리라"_마태복음 11:28

폴 에이징거는 1993년 미국 프로골프 메이저 대회에서 우승하고 트로피를 받아 높이 올려 들었을 때 어깨가 찢어질 듯이 아팠습니다. 그래서 병원에 가서 검사를 해 보니까 암이라는 것입니다. 인생 최고의 영광인 트로피를 받는 동시에 암 선고를 받았습니다. 그때 사람들은 그가 절망할 것으로 생각했습니다. 그러나 그는 조금도 절망하지 않았습니다. 그는 예수를 잘 믿는 사람이었던 것입니다. 그가 하는 말이 "예수 믿는다고 해서 비 오는데 비 안 맞겠습니까? 예수 믿는다고 해서 눈 오는데 눈 안 맞겠습니까? 비가 오고 눈이 오더라도 우산을 들고 걸어가면 되고 눈이 오면 두꺼운 옷을 입으면 되는 것 같이 하나님은 나의 피난처요, 요새요, 의뢰하는 하나님이기 때문에 주님을 의지하면 이길 수 있습니다"라고 고백했습니다. 그는 마음에 평안을 가지고 늘 하늘을 쳐다보며 낙심하지 않았습니다. 주님을 믿고 찬송하고 감사하고 기뻐했습니다. 그리고 3년 후에 그는 암을 완전히 이겨냈습니다. 병원에 가서 검사해도 암세포가 하나도 없었습니다. 그는 "우리는 살다가 힘든 일이 닥쳤을 때 무슨 일이 있더라도 하나님께서 항상 나와 함께 하신다는 것을 알아야 합니다. 그리고 다른 사람들에게도 그것을 알려야 합니다"라고 말했습니다.

우리는 그 어떤 어려움이 닥칠지라도 하늘을 바라보고 예수님을 바라봐야 합니다. 그럴 때, 우리의 삶과 환경을 다스리고 사랑과 복을 주시는 하나님의 은혜 안에서 놀라운 기적을 체험할 수 있는 것입니다. 우리는 하나님이 다스리도록 만들어진 것입니다. 하나님이 아담과 하와를 만드시고 난 다음에 "너희는 모든 땅을 정복하고 다스리라"고 말씀하신 것입니다창 1:28.

여러분의 마음은 다스리는 힘을 가지고 있습니다. 다스리라고 하니까 주먹으로 다스리라는 것이 아닙니다. 수족으로 다스리는 것이 아니라 마음으로 다스리는 것입니다. 여러분의 생각과 꿈과 믿음과 말로써 마음으로 환경을 다스리는 것입니다. 마음에 가득한 것이 밖으로 나오기 때문에 마음에 주님을 의지하고 주님을 생각하고 주님을 바라보고 주님을 믿고 주님께 감사와 찬송을 부르며 평안을 가지면 그 평안이 몸을 다스리고 환경을 다스리는 것입니다. '나는 못산다. 안된다. 할 수 없다'라고 생각하며 불안을 마음에 가지고 있으면 이 불안이 나를 다스립니다. 못되고 안되고 불안한 것으로 환경이 다가오게 하는 것입니다. 마음에 의와 평강과 희락과 믿음과 소망과 사랑으로 채워 놓으면 이것이 밖으로 나가서 우리의 환경을 다스리는 것입니다.

그래서 하나님이 땅을 정복하고 다스리라고 말씀한 것입니다. 하나님은 "내가 정복하고 다스려 주마"라고 말씀하지 않았습니다. "너희가 땅을 정복하고 다스려라. 천국 열쇠를 네게 주었으니 네가 땅에서 매면 하늘에서 매어지고 네가 땅에서 풀면 하늘에서 풀린다"라고 말씀하신 것입니다마 16:19. 주님께서 "네 믿음으로 된다"라고 말씀하셨습니다. "네 믿음대로 될지어다." 여러분의 믿음대로 되는 것입니다. 꿈꾸고 믿고 말하면 그것이 여러분의 운명과 환경을 다스리는 것입니다.

여러분, 환경은 여러분 가슴에 가득히 품은 것을 통해 나온다는 것을 잊지 마시기 바랍니다. 꿈을 마음에 가득 품고 있으면 그것이 밖으로 나오고 믿음을 가득히 품고 있으면 그것이 밖으로 나오고 입으로 시인하는 대로 그것이 밖으로 나오는 것입니다. 그러므로 어떠한 어려움이 닥칠지라도 우리는 어려움을 마음으로 극복할 수가 있습니다. 주먹으로 극복하는 것이 아니라 마음속 생각으로 극복하고 꿈으로 극복하고 믿음으로 극복하고 말로써 극복할 수가 있습니다.

항상 긍정적인 생각을 가지십시오. 말씀을 통하여 긍정적인 생각을 가지시고 상상으로 잘되는 꿈을 꾸십시오. 상상 속에서 못되고 망하고 죽는 꿈을 꾸면 안 됩니다. 그리고 믿으십시오. 좋은 일이 일어날 것을 믿으십시오. 기적이 일어날 것을 믿으십시오. 늘 입술로 창조적인 말을 하십시오. '나에게는 기쁨이 있다. 나에게는 즐거움이 있다. 나에게는 행복이 있다. 건강이 있다. 잘된다'라고 말할 때 말한 그대로 환경이 이루어지게 되는 것입니다.

하나님은 오늘날 우리에게 우리 마음의 힘으로 환경과 운명을 다스릴 수 있도록 은혜를 주셨습니다. 그러므로 성경을 읽고 마음에서 그 말씀을 간직하면 그것이 마음을 통해서 기적이 나타나는 것입니다. 말씀은 마음을 통해서 나타나지 마음과 동떨어져서 나타나지 않습니다. 마음에 말씀을 묵상하고 받아들이고, 마음을 상상하고 꿈꾸고, 마음에 말씀을 믿고 입으로 시인하면 그것을 통해서 말씀이 역사하여 주시는 것입니다.

하늘을 먼저 보고 땅을 보도록 노력해야 한다

우리는 하늘을 바라본 후에 항상 땅을 바라보도록 노력해야 합니다. 하늘은 성경입니다. 항상 먼저 하늘을 바라보고 항상 성경을 바라보고 난 다음에 환경을 바라보십시오. 이스라엘 백성이 애굽 군대와 홍해만 바라보고 죽는다고 고함칠 때 모세는 하늘을 바라보았습니다. 그리고 땅을 바라보니 애굽 군대보다 강한 하나님, 홍해보다 강한 하나님이 계시잖아요. 그래서 당황하는 이스라엘 백성에게 "너희는 오늘 가만히 있어 우리를 위해서 싸우시는 하나님을 보라. 너희가 본 애굽 사람을 다시는 영원히 보지 못하리라"고 말할 때 하나님이 나타나서 역사하신 것입니다 출 14:13. 모세는 하늘을 보고 땅을 보았습니다. 그렇지만 백성은 땅을 보고 하늘을 보니 하나님이 눈에 안 보였습니다. 하늘을 보고 땅을 본 순간부터 그 땅은 하나님이 다스리시는 땅입니다. 여러분, 이 땅에 사는 모든 것은 하나님이 못 다스릴 것이 하나도 없습니다.

"예수께서 나아와 말씀하여 이르시되 하늘과 땅의 모든 권세를 내게 주셨으니 그러므로 너희는 가서 모든 민족을 제자로 삼아 아버지와 아들과 성령의 이름으로 세례침례를 베풀고 내가 너희에게 분부한 모든 것을 가르쳐 지키게 하라 볼지어다 내가 세상 끝날까지 너희와 항상 함께 있으리라 하시니라"_마태복음 28:18-20

하늘과 땅의 모든 권세를 가지신 분이 여러분 곁에 바짝 다가와 계십니다. 그분이 여러분의 **빽**입니다. 우리는 그 그림자 밑에서 삽니다. 이것을 상상하고 꿈꾸어 보십시오. 담대하게 될 수밖에 없습니다. 환경을 극복하고 행복하게 살도록 하나님은 노력하고 계신 것입니다. "그가 네 모든 죄악을 사하시며 네 모든 병을 고치시며 네 생명을 파멸에서 속량하시고 인자와 긍휼로 관을 씌우시며 좋은 것으로 네 소원을 만족하게 하사 네 청춘을 독수리 같이 새롭게 하시는도다"_시 103:3-5 이것이 하나님께서 원하시는 것입니다. "사랑하는 자여 네 영혼이 잘됨 같이 네가 범사에 잘되고 강건하기를 내가 간구하노라"요삼 1:2 하나님이 간구한다고 말씀하셨습니다. 그러므로 이러한 하나님을 상상하고 꿈꾸고 믿어야 하는 것입니다.

"사람이 감당할 시험 밖에는 너희가 당한 것이 없나니 오직 하나님은 미쁘사 너희가 감당하지 못할 시험 당함을 허락하지 아니하시고 시험 당할 즈음에 또한 피할 길을 내사 너희로 능히 감당하게 하시느니라"_고린도전서 10:13

시험이 다가오는 것은 여러분의 믿음을 연단 시키는 것이므로 참고 견디면 다 이겨 나갈 수 있는 길을 하나님께서 열어 주시는 것입니다. 절대 희망을 가져야지 절망을 가지면 안 되는 것입니다.

"소망의 하나님이 모든 기쁨과 평강을 믿음 안에서 너희에게 충만하게 하사 성령의 능력으로 소망이 넘치게 하시기를 원하노라"_로마서 15:13

소망이 없으면 죽은 것입니다. 절망은 죽음으로 이끕니다. 소망은 꿈을 꾸게 하는 것입니다. 내일은 오늘보다, 다음 달은 금번 달보다, 명년은 금년보다 나아지는 꿈을 꿀 수 있는 것은 소망이 있기 때문입니다. 꿈이 있으면 "믿습니다. 꿈이 이루어질 줄 믿습니다"라고 믿음으로 말하게 되고, 그렇게 되면 하나님은 "네 믿음대로 될지어다"라고 하시는 것입니다. 성경에 "소망의 하나님이 모든 기쁨과 평강을 믿음 안에서 너희에게 충만하게 하사 성령의 능력으로 소망이 넘치게 하시기를 원하노라"롬 15:13고 말씀하십니다. 십자가 밑에 나가면 소망을 얻습니다. 용서의 소망, 성결의 소망, 치료의 소망, 축복의 소망, 천국의 소망을 얻습니다. 소망을 마음속에서 놓치면 안 되는 것입니다. 십자가 밑에 나가야 소망을 놓치지 않고 붙들고 나갈 수가 있는 것입니다.

박진식 씨는 1968년 전북 순창에서 2남 1녀의 막내로 태어나 우량아라고 불릴 만큼 건강한 어린 시절을 보냈습니다. 그런데 일곱 살 무렵 몸이 굳어가는 희귀병에 걸렸습니다. 몸속에 칼슘이 과도하게 쌓여서 칼슘이 온몸을 굳게 만드는 것입니다. 아홉 살부터 누워서 지내야 했고, 열세 살부터는 자고 일어나면 몸 가죽이 터져서 피와 물이 범벅이 되었습니다. 그 병은 몸 안에 있는 칼슘이 피부를 터뜨려서 밖으로 나오는 것입니다. 석회화는 계속 진행되어 폐와 심장까지 굳기 시작하여 몸의 30%가 마네킹처럼 뻣뻣하게 굳어졌습니다. 심지어 어머니가 석회를 쇠꼬챙이로 긁어내는데 쇠꼬챙이가 휘어질 정도로 몸이 굳어졌습니다. 그는 죽어가는 육신을 보며 절망 가운데 몸부림쳐야 했습니다. 차라리 빨리 죽어서 부모님의 걱정을 덜어주면 좋겠다고 유일한 희망을 가졌습니다. 그러나 그는 '이대로 흔적 없이 죽는 것이 너무 억울하다. 나는 희망의 끈을 잡고 나의 삶을 긍정적인 의미를 찾고 살겠다. 절망 대신에 희망을 갖겠다'라고 마음에 결심을 했습니다. 그래서 그 비참한 가운데 영어를 공부하고 한문을 공부하고 다양한 독서와 글쓰기를 시작하며 컴퓨터도 열심히 익혔습니다. 마침내 그는 굳어진 양손에 끼운 볼펜으로 컴퓨터를 치면서 2년여 만에 『절망은 희망의 다른 이름이다』라는 책을 출간했습니다. 그리고 서문에서 그는 이렇게 말했습니다. "지금 살기 힘들어서 절망하신 분들이 있다면 제 이야기를 읽고 부디 힘을 내십시오. 저는 꿈꿀 수만 있어도 행복한 인생이라고 생각합니다." 그는 일어날 수도 없고 수족을 사용할 수도 없고 아무것도 할 수 없어도 마음속에 꿈을 꿀 수 있는 것만 가지고도 행복하다고 말한 것입니다.

여러분, 아무리 참담한 현실에 처해있어도 살아 있는 한 꿈을 버리지 마십시오. 그리고 울지 마십시오. 그는 20세를 못 넘기고 죽을 것이라는 사형 선고를 받았지만 지금 30세가 넘도록 자전적 에세이와 시집도 출간하고 활발하게 문인 생활을 하며 살고 있습니다. 그러므로 우리는 그 어떤 절망과 시련 가운데에서도 하늘을 바라보고 절대 희망을 놓지 말아야 하는 것입니다. 그럴 때 하나님은 이 땅의 그 어떤 환경과 여건일지라도 극복하고 행복하게 살 수 있도록 꿈을 주시고 믿음을 주시고 담대함을 주십니다. 희망의 복음, 이것이 우리 주 예수님이 우리에게 주시는 복된 소식인 것입니다.

우리는 하늘과 땅 사이에 살고 있습니다. 하늘만 바라보고 살 수도 없고 땅만 바라보고 살 수도 없습니다. 그러므로 순서를 올바르게 가져야 하는 것입니다. 먼저 하늘을 보고 난 다음에 땅을 봐야 합니다. 하늘 보고 하나님께 감사와 찬송을 부르고 기도하고 난 다음 땅을 보면 땅의 문제가 더는 문제로 안 보이는 것입니다. 땅을 먼저 보면 땅의 문제가 태산같이 커져서 앞을 가려 하나님이 안 보입니다. 그러나 하나님을 보고 난 다음 땅을 보면 모든 것이 먼지와 티끌같이 보여서 '이까짓 것 문제없다. 예수 이름으로 물러가라!'고 할 수 있는 것입니다.

우리 모두 하늘을 먼저 보고 땅을 보는 신앙생활을 합시다. 항상 성경을 곁에 두어서 기도하고 읽고 듣고 묵상하여 성경 말씀이 마음에 가득하면 그 말씀을 따라 환경을 바라봐야 합니다. 그때, 환경을 정복하고 극복할 수 있는 것입니다. 여러분의 생각 속에 하늘이, 생각의 꿈속에 하늘이, 믿음 속에 하늘이, 말씀 속에 하늘이 가득하기를 주의 이름으로 축원합니다.

기도

　전능하신 하나님 아버지여, 하나님이 우리를 사랑하사 이 땅에서 구원해 주시고 우리 눈을 열어 하늘을 바라보게 해 주심을 감사합니다. 아무리 이 땅에 보이는 세상만 있는 것 같지만 눈을 열어보면 보이는 세상과 우리 사이에 우리를 보호하는 하늘이 있다는 것을 알게 되는 것입니다. 우리와 같이 계신 이가 세상에 있는 이보다 더 크십니다. 힘이 더 셉니다. 능력이 더 많이 있습니다. 아버지 하나님, 하나님을 바라보고 사는 우리가 되게 도와주시옵시고, 결코 낙심하거나 좌절하거나 희망을 잃는 사람이 없게 하여 주시옵소서. 소망의 하나님 품에 안기는 우리가 되게 도와주시옵소서. 예수님 이름으로 기도합니다. 아멘.

요약

1. 땅을 먼저 보는 사람들

우리는 생활 주변 곳곳에서 스트레스를 받습니다. 너무 많은 스트레스 속에 살기 때문에 스트레스로 사는 것을 보통으로 생각하고, 그것이 가져오는 질병의 엄청난 고통 속에 있으면서도 알지 못합니다. 이 땅은 혼돈의 땅입니다. 불안의 땅입니다. 죄책의 불안, 허무와 무의미의 불안, 죽음의 공포의 땅입니다. 이러한 문제의 스트레스 속에서 몸부림치는 땅은 절망이 가득한 땅입니다.

2. 땅을 보고 하늘을 보면 효과가 없다

땅을 먼저 보고 난 다음 하늘을 바라보면 스트레스가 마음에 꽉 들어차서 하나님이 보이지 않습니다. 땅에서 위축되고 스트레스를 받아 낙심되고, 무력함 속에 하늘에 계신 하나님을 보니 지금 여기에서는 찾아볼 수 없는 것입니다. 오늘 이 자리에 나와 함께 계신 하나님을 볼 수 있어야 하는데, 염려, 근심, 불안, 초조가 꽉 들어찬 상태에서 하늘을 바라본 사람은 그 속에서 하나님을 찾아볼 수가 없습니다.

3. 하늘을 보고 땅을 봐야 한다

 땅만 보던 우리가 말씀과 기도 가운데 하늘을 보면 하늘 문이 열려 있는 것을 발견하게 됩니다. 우리는 그 어떤 어려움이 닥칠지라도 하늘을 바라보고 예수님을 바라봐야 합니다. 그럴 때, 우리의 삶과 환경을 다스리고 사랑과 복을 주시는 하나님의 은혜 안에서 놀라운 기적을 체험할 수 있습니다.

4. 하늘을 먼저 보고 땅을 보도록 노력해야 한다

 우리는 하늘을 먼저 보고 땅을 보는 신앙생활을 하도록 노력해야 합니다. 하나님을 보고 난 다음 땅의 문제를 보면 모든 것이 다 보잘것없게 보입니다. 그러므로 항상 성경을 곁에 두고 성경을 읽고 듣고 묵상하고 기도하면 성경 말씀이 마음에 가득하게 됩니다. 그 말씀을 따라서 환경을 바라보면 환경을 정복하고 극복할 수 있습니다.

조용기 목사의
소망과 위로

초판 1쇄 발행 2021년 11월 25일

엮은이 (사)영산글로벌미션포럼

발행인 이영훈
편집인 김영석
펴낸곳 교회성장연구소

등 록 제 12-177호
주 소 서울시 영등포구 여의공원로 101 CCMM빌딩 703B호
전 화 02-2036-7936
팩 스 02-2036-7910
홈페이지 www.pastor21.net
쇼핑몰 www.icgbooks.net

* 값은 뒤표지에 있습니다.
* 잘못된 책은 구입하신 곳에서 교환해 드립니다.
* 이 책은 저작권법에 의해 보호를 받는 저작물이므로 무단 전재 및 무단 복제를 금합니다.

ISBN | 978-89-8304-314-6 04230 / 978-89-8304-328-3 04230(세트)

"무슨 일을 하든지 마음을 다하여 주께 하듯 하라" 골 3:23

교회성장연구소는 한국 모든 교회가 건강한 교회성장을 이루어 하나님 나라에 영광을 돌리는 일꾼으로 성장하는 것을 목표로, 목회자의 사역은 물론 성도들의 영적 성장을 도울 수 있는 필독서를 출간하고 있다. 주를 섬기는 사명감을 바탕으로 모든 사역의 시작과 끝을 기도로 임하며 사람 중심이 아닌 하나님 중심으로 경영한다. "무슨 일을 하든지 마음을 다하여 주께 하듯 하라"는 말씀을 늘 마음에 새겨 하나님께서 주신 사명을 기쁨으로 감당한다.